民航服务专业新形态系列教材

民航服务沟通艺术

方晓静 主编　康静 周晨围 副主编

U0398518

清华大学出版社
北京

内容简介

本书根据机场地勤和民航客舱人员的服务特点，系统地介绍了不同岗位人员的规范语言表达和服务沟通技巧。在基本的学科理论体系下，增加了仿真场景的实践技能训练内容，具有很强的可操作性。同时，本书中精选了许多古人沟通的案例典故，趣味性强，能帮助读者达到内修涵养、外练口才的双重目标。

本书既可以作为空中乘务专业的专业课教材，也可以作为民航服务类相关企业的培训教材。

图书在版编目（CIP）数据

民航服务沟通艺术/方晓静主编. —北京：清华大学出版社，2022.8
民航服务专业新形态系列教材
ISBN 978-7-302-61309-1

Ⅰ. ①民… Ⅱ. ①方… Ⅲ. ①民航运输—商业服务—教材 Ⅳ. ①F560.9

中国版本图书馆 CIP 数据核字(2022)第 121265 号

责任编辑：聂军来
封面设计：常雪影
责任校对：刘 静
责任印制：宋 林

出版发行：清华大学出版社
网 址：http://www.tup.com.cn，http://www.wqbook.com
地 址：北京清华大学学研大厦 A 座 **邮 编：**100084
社 总 机：010-83470000 **邮 购：**010-62786544
投稿与读者服务：010-62776969，c-service@tup.tsinghua.edu.cn
质量反馈：010-62772015，zhiliang@tup.tsinghua.edu.cn
课件下载：http://www.tup.com.cn，010-83470410
印 装 者：三河市科茂嘉荣印务有限公司
经 销：全国新华书店
开 本：185mm×260mm **印 张：**8.75 **字 数：**209 千字
版 次：2022 年 8 月第 1 版 **印 次：**2022 年 8 月第1 次印刷
定 价：39.00 元

产品编号：092053-01

前言

随着航空运输业的迅猛发展以及互联网技术的日新月异，民航业迎来了“以乘客为中心”的服务时代。航空大众化、航空服务个性化、多元化成为航空业发展的两大趋势。乘客的服务要求越来越高，由服务创造商业价值的重要性愈发凸显，民航企业提升服务的紧迫感和危机感也日益增强。

在民航竞争愈加激烈的今天，民航服务人员的沟通能力是竞争的软实力之一。服务人员的语言表达、亲和力、礼仪、对乘客的关心程度等会直接影响乘客的情感反应，并决定着乘客对服务质量的评价。因此，培养和改善一线员工的服务沟通能力显得尤为重要。民航服务人员沟通能力的提升，不仅需要有声语言的修饰、常用服务话术的训练，还需要广博的知识学习和应对突发状况的技巧练习。目前，民航企业急需高素质人才，各级各类职业学校在大力培养应用型人才的时候，需要一本集前瞻性、科学性、实用性、专业性于一体的教材，本书的编写恰逢其时。

本书根据地勤和客舱人员的服务特点，全面而系统地介绍了不同岗位人员的服务沟通技巧和规范语言表达。全书共分为七章，每章设有若干小节，按照民航服务沟通概述、有效的服务倾听、有效的服务表达、地勤服务的沟通技巧、客舱服务的沟通技巧、特殊乘客的沟通技巧、冲突应对的沟通技巧这几方面内容由浅入深地进行阐述，每章配有案例分析、情景模拟、思考讨论等注重实际操练的综合练习。语言既是交际的工具，又是一门艺术，同时也体现出民航从业人员的职业素养和人文素养。为了提升学生的人文素养，本书在每章的练习部分特别设置了课外阅读模块，从古代典籍中精选古人沟通案例，让学生在感受传统文化熏陶的同时，理解先贤沟通智慧，掌握语言沟通艺术。

本书由上海民航职业技术学院方晓静担任主编，中华职业学校康静、上海商业会计学校周晨围担任副主编。其中第一章、第二章、第三章由康静编写；第四章、第五章由方晓静编写；第六章、第七章由周晨围编写。全书由方晓静统稿。

在本书编写中我们竭尽全力，但由于能力有限，难免会有疏漏的地方，恳请各方专家、同行及读者批评、指正。本书编写过程中参考了大量的文献，在此向原作者致以诚挚的谢意！也感谢清华大学出版社的大力支持和帮助，在此表示深深的感谢！

编　者

2022 年 3 月

目 录

第一章 民航服务沟通概述

学习目标

(1) 理解民航服务意识的重要性。
(2) 了解民航服务业对员工的基本要求。
(3) 掌握服务工作中有效沟通的技巧。

第一节 民航服务意识

案例导入

某日，在北京—上海的航班上，一名头等舱乘客向乘务员询问是否有黑巧克力。头等舱乘务员知道本次航班没有配备，但她并没有直接拒绝乘客，而是私下询问同组乘务员。但是很不巧，同组乘务员没有人携带黑巧克力。这名头等舱乘务员依然没有放弃，她进驾驶舱询问了机组，幸运的是，其中一名副驾驶携带了黑巧克力，她便开心地给乘客送了过去。乘客了解这块黑巧克力来之不易的过程后很感动，便与这名乘务员交谈了起来。通过交谈，这名乘务员得知一个星期后这名乘客还会乘坐公司航班由上海回北京，这名乘务员默默地记在了心中。等下周飞行计划发布后，这名乘务员主动与当天执行航班任务的头等舱乘务员联系，将这名乘客的乘机信息和喜好做好交接。

一周后这名乘客刚登机不久，头等舱乘务员主动送来了黑巧克力，轻轻放下说："××女士，这是您喜欢的黑巧克力和黑咖啡。"这名乘客惊讶地抬起头发现她并没见过这名乘务员，她的内心再次被感动，从此成了这家航空公司的忠实乘客。

资料来源：陈淑君. 提升民航旅客满意度 培养忠诚旅客[R/OL]. http://www.caacnews.com.cn/zk/zj/csj/201707/t20170725_1219803.html.(2017-07-05)[2020-02-03].

问题与思考

(1) 案例中的该女士为什么会成为这家航空公司的忠实乘客？
(2) 这个案例说明了民航服务从业人员需要什么样的职业素养？

一、服务意识

服务意识是指企业全体员工在与一切企业利益相关的人或企业的交往中所体现的为对方提供热情、周到、主动的服务欲望和意识，即自觉主动做好服务工作的一种观念和愿望，它发自服务人员的内心。服务意识必须存在于我们每个人的思想认识中，只有加深了对服务的认识，增强了服务的意识，才能激发起人在服务过程中的主观能动性。具有服务意识的人，能够把自身利益的实现建立在服务别人的基础之上，能够把利己和利他行为有机协调起来，常常表现出"以别人为中心"的倾向。

如今，随着我国经济的发展，我国民航乘客运输量正逐年快速增长，而民航业的快速发展离不开优质的服务，其中民航服务是运输服务的重要组成部分。民航服务的出发点立足于为乘客提供能够满足自身需求的对应服务，时刻关注乘客所需。而乘客也越来越看重航空公司良好的服务态度和服务质量，对民航服务水平有很高的要求和期待。这就要求民航服务人员要具备较强的服务意识。只有增强民航服务人员的服务意识，使乘客在精神上、感官上拥有亲切感与被尊重感，才能让乘客满意。可以说，民航工作人员的服务意识愈加成为行业的风向标。

民航业是具有特殊性质的服务业，民航服务人员是与乘客直接接触的人员，培养民航服务人员的服务意识是提高职业素养的重要环节，提升民航服务人员的服务理念也成为大部分航空公司培养民航工作人员时重要的考核内容。民航服务需要体现乘客满意度需求，这是民航服务发展、民航工作建设最基本的体现与追求，服务意识也代表航空公司及民航业的形象，这也对促进我国航空服务理念的发展和进步有着重要的作用。

但是服务并不是单纯的埋头苦干，只熟悉服务制度并不意味着能够培养出民航服务意识。优质的民航服务需要空乘人员根据乘客心理需求和工作规律，为其提供服务，尽量做到事事想深、处处主动，使其具有亲切感、舒适感、方便感、安全感以及受尊重感等。拥有较高服务意识的人，常常会站在他人的立场上，急他人之所急，想他人之所想；为了他人满意，不惜自我谦让、妥协甚至奉献、牺牲。

案例 1-1

服务乘客，情润蓝天

中国东方航空公司（以下简称"东航"）的凌燕组有着这样的亲情服务准则：如果您是年龄较大的乘客，凌燕就是您的孙女、您的拐杖；如果你是可爱的小朋友，凌燕就像"小燕子"一样，是你的好姐姐；如果您是初次乘机的乘客，凌燕就是您的好导游；如果您是带着嗷嗷待哺婴儿的年轻母亲，凌燕会是称职的保育员；如果您身体不适，凌燕会为您送上机内配备的常用药品。

一次在上海飞往某地的航班上，一位乘客由于脚部浮肿穿不上鞋。他向乘务员表示，希望得到一个鞋拔。那时只有中远程航线才配备鞋拔，乘务员只能抱歉地说声"对不起"。这一声"对不起"让整个凌燕组感到揪心。很快，航班就配上了鞋拔，不仅鞋拔、上海市地图、上海地区各大宾馆客房价目表、旅游景点介绍、针线包、象棋、扑克、儿童玩具，甚至生日卡、结婚卡等都登上了飞机。现在，它们已经不再是凌燕组的专利了，它已成为东航整个空中服务的一部分。

资料来源：张菁，顾伟倩，唐建，等. 服务顾客，情阔蓝天[J]. 中国民航报，2004(10).

案例启示：在一定程度上，乘客的需要是民航服务人员服务质量提高的动力。东航的凌燕组有着非常强的服务意识，正是这种意识提升了整组人员的职业素养，从而带动了整个企业服务水平的提高。

二、民航服务意识概述

一直以来，我国的民航服务就有着规范化、标准化特征。虽然标准化体现出了民航服务的专业性，但是这并不意味着有利于进一步提高民航服务水平与质量。不同乘客的旅行原因是不同的，航空公司需要做好乘客需求调研工作，根据乘客实际条件与需求制定人性化、针对化服务模式。假如服务人员只参照标准化流程执行服务，没有考虑乘客的真实感受，将规范化作为借口，忽视乘客的合理性要求，很容易产生服务极端化问题。这种极端化现象就会导致乘客对航空服务出现失望的情绪。为了杜绝这一问题，乘务人员应将乘客需求作为首位，将提升乘客满意度作为出发点，站在乘客的角度考虑问题，更加从容地应对乘客的合理性要求。

因此，优质的服务并非简单地依靠操作流程与规章制度就能够实现，同时也需要人文关怀予以填充。而这就需要民航服务人员在服务过程中渗透人文关怀。

（一）真情付出

人民航空为人民，真情服务暖民心。民航工作人员对乘客的服务应该具有一种自觉的职业道德的情感。民航服务需要将“真情”二字体现出来，将真情服务放在首位，结合服务礼仪、乘客需求调整航空服务水平与能力。真情服务的前提在于民航服务人员需要具备“我要服务”的理念与素质，而不是“要我服务”的工作态度。民航服务人员需要优先处理乘客的实际感受、乘客的合理性需求，主动创造条件和机会为乘客提供优质服务、良好服务。需要说明的是，提升民航服务水平归根结底就是满足消费者需要。基于层次理论角度，对于民航发展来说，民航服务人员能否及时处理与满足乘客需求，也是民航真情服务、人性化服务的体现。例如，在民航运行中遇到了类似于气流颠簸等其他意外情况，此时乘客对自己的安全产生怀疑，出现紧张、激动的行为与情绪，这时候就需要有人来劝导与安抚。

“真情服务”的真还包括任何时候不能够对社会、对乘客有任何形式的“欺骗”，特别是在非正常航班服务的时候，这样的真既是民航企业“真情服务”的体现，更是应对非正常航班服务的最佳技巧。第一时间提供真实的航班信息；第一时间解决乘客的问题；第一时间按照服务标准兑现对乘客的承诺，杜绝“大闹大解决、小闹小解决、不闹不解决”的服务模式。对那种“以欺瞒乘客为乐，以帮助乘客为傻”的员工进行批评教育，帮助其转变观念。对造成事实和恶劣影响的行为要严肃处置，以维护民航企业诚信，维护民航整体形象。

（二）有心服务

服务是一种人与人之间的沟通与互动。人与人之间的沟通与互动，需要发自内心。因此，我们应该认识到服务是从心开始的。“有心”二字是民航服务的核心要素，也是民航服务人员的基本素养，形象一点来说，就是“做儿童乘客的好家长，做普通乘客的好朋友，做老年乘客的好儿女”。民航服务需要融入“心”，将“有心”体现在民航服务当中。乐于为别人服务，并给他们带来快乐，这应是民航服务人员内心本能的愿望。这一愿望应该是排除了规章制度约束而被迫的服务行为，也不是因为物质利益的诱惑而去服务的行为，更不是因为必须完成的任务而无奈的服务行为。将乐于为别人服务并给他们带来快乐，变成生活中的一种习惯。这样的服务，乘客才会满意，这是通向完美服务的第一步。

有爱亦有心。在长途飞行中，既需要满足乘客用餐、休息等生理需要，此时同样需要有人为其提供相应心理服务。民航服务人员把服务当成心爱的事业，把乘客当成"心爱的人"；民航服务人员细心、精心、留心服务，让乘客舒心、安心。民航服务需要带给乘客温暖的感受，用心关注乘客、用心为乘客去做，最后达到价值双赢。

（三）平等对待

航空服务需要注入社会价值和社会元素，需要体现平等精神和平等素养。平等是社会主义核心价值观的核心要素之一。面对时代的发展、时代的进步，当前乘客构成形式发生了多元化变化。不同乘客有着不同的社会经历、经济情况、教育程度、喜好与性格，绝不能因为乘客的这些差异而厚此薄彼。在民航服务中，工作人员需要做到一视同仁，为所有乘客提供相应的服务：第一，对所有乘客同等对待；第二，所有乘客购票、订座、乘机机会均等；第三，只要可能，应满足所有乘客的最基本需要；第四，乘客支付费用，享受服务的满足。面对基本服务方面要做到一视同仁，体现社会化服务，这样才能让乘客认同民航的服务水平和服务质量。

由于不同人有着不同的生活习惯、宗教信仰与民族民俗，所以针对性服务意味着乘客的需求能够得到尊重和满足。基于此不难看出，保障民航服务质量的关键点在于民航空乘人员的个人素质能否满足航空服务要求。在民航工作人员拥有足够高的素质、工作状态以及正确价值理念以后，民航工作人员才能够提供优质的民航服务。

（四）文化尊重

民航服务需要体现人文要素。为了实现民航服务的可持续发展，融入文化元素是必不可少的一项内容。在融入民族文化以后，才能打造出具有民族特色的、高质量的民航服务。我国有着众多的文化要素，多元共存与博大精深是我国传统文化最直接的体现，是文化建设最重要的资源与力量支持。庞大的地域为我国民航服务提供着各种各样文化的支持，尊重不同地区的不同文化，比如四川的巴蜀文化、东北地区的黑土文化、内蒙古的草原文化等，在服务中充分结合这些文化要素、文化内容，在为乘客提供现代化服务的基础上，带给乘客富有中华传统、地域特色的文化体验。

面对经济快速发展的今天，作为第三产业中的佼佼者，民航业是特殊的服务行业，民航的宗旨是为人民服务。实现民航服务、民航系统的可持续发展关键点就在于为乘客提供优质的服务。这是民航发展的动力源泉，是民航有序建设的关键性要素。民航服务人员是民航业的旗帜，代表着民航业的形象，民航服务人员必须秉承文化素养与专业素养，将人文理念、人文关怀融入民航服务当中，体现民航服务人性化特色。因此，应积极培养民航服务人员的服务意识，转变民航服务人员的工作态度与服务理念，不断完善职业素养，切实保障与提升民航整体服务水平和服务质量，推动民航高质量发展。

第二节　民航服务要求

航班延误，服务不延

由于航空管制原因，由青岛飞往昆明的航班不能按时起飞，乘客们从下午三点登上飞机就开始了漫长的等待。因为长时间的等待，有的乘客开始焦躁不安，有的乘客因为需要转机而担心后续航班问题，有的乘客则要终止行程。面对乘客们的各种问题，乘务组耐心地回答每一位旅客的问题。

时间慢慢流逝，而航班起飞的时间始终没有确定。餐水服务也无法缓解乘客们的焦虑，他们的不满情绪不由地宣泄给了乘务组，但是乘务组依然微笑面对每一位乘客，耐心解释，为要终止行程的乘客办理手续，为身体不适的乘客调整座位，尽最大努力帮助每一位乘客。同时，乘务长也在积极沟通，争取尽早起飞，让大家早点到达目的地。

四个小时后，飞机终于起飞了。下飞机的时候，一位乘客拉着乘务长的手说："和你们相处了7个多小时，我们累，但是你们比我们更累，真心谢谢你们。"

乘客温暖的笑容是对乘务组辛苦付出的肯定，也是最好的赞美。

资料来源：苑世平乘务组. 航班延误，情暖客舱[R/OL]https://mp.weixin.qq.com/s/gvaloPQ-WDyD_jLWW49-Jw.[2020-02-06].

问题与思考

航班延误是民航工作中经常出现的情况，这种情况下乘客的情绪一般都比较烦躁、激动，思考以下两个问题：

（1）案例中的民航工作人员是如何处理航班延误的？

（2）这种处理方式体现了民航服务的哪些要求？

衡量民航服务质量的关键点在于乘客投诉量。从近些年的数据报告可以看出，在社保体系健全、国民收入增长的大背景下，越来越多的民众选择以航空的方式出行。不过与之对应的是出现了大量暴力维权以及民航投诉问题，这些问题反映了出民航服务存在不足。在激烈的市场竞争中，服务质量的高低是决定民航业是否能继续生存的重要前提，要想赢得乘客的信赖，就需要民航服务人员具有强烈的服务理念。从乘客实际需求入手，视服务好乘客为本职工作的基本要求，回答乘客的问题要有真情实感并贴切实际。认真贯彻民航服务要求，全方位提升民航服务的整体水平。

一、符合职业道德

（一）职业道德的概念

职业道德是从事某一具体职业的人，在其工作岗位上所需遵循的行为标准和要求，而且是本行业对社会所承担的道德责任和义务，它是道德准则、道德情操与道德品质的总和。基本的职业道德要求爱岗敬业、诚实守信、办事公道、服务群众、奉献社会。

职业道德总是要鲜明地表达职业义务、职业责任以及职业行为上的道德准则。它不是一般地反映社会道德和阶级道德的要求，而是要反映职业、行业乃至产业特殊利益的要求；它不是在一般社会实践基础上形成的，而是建立在特定的职业实践的基础上。职业道德也用来调节从业人员与其服务对象之间的关系，用来塑造从业人员的形象。

（二）民航职业道德

民航员工的职业道德是指工作人员在服务乘客的过程中，处理与乘客关系以及个人与公司、国家之间的关系时所应遵守的职业行为准则。其要求民航工作人员不断提高为人民服务的思想觉悟和为人民服务的本领，不断提高为人民服务的质量。在具体工作中的服务要求一般是：热情为乘客服务，急乘客所急，帮乘客所需；为乘客提供干净、舒适、愉快的旅行环境，对服务技术精益求精。

二、掌握服务礼仪

（一）民航服务礼仪的概念

民航服务礼仪就是指民航企业全体员工在执行飞行任务过程中，为民航乘客提供热情、优质服务的一系列行为规范。民航服务礼仪是民航服务人员应具有的行为规范。民航服务人员在客舱中为乘客服务的各个环节中都贯穿着民航服务礼仪，例如，在客舱迎接乘客登机、与乘客交流、为特殊乘客提供特殊服务以及在飞机飞行期间为乘客提供餐食、饮料等。

（二）民航服务礼仪的内容

民航服务礼仪是以礼仪为前提和基础的，主要包括两方面内容：一方面是对民航工作人员仪容仪表和职业着装的要求；另一方面是对民航服务人员言谈举止的要求。

1. 规范的仪容仪表

民航服务人员的礼貌、礼仪彰显在外表上，就是指通过合适的发型和清新的仪容，让人有和谐高雅、稳重大方之感。干净整洁的制服是民航服务礼仪的主要特点，在制服的穿戴方面，民航服务人员所穿着的服装必须是干净整洁和美观合体的，以良好的着装和形象给乘客带来清新、端庄和稳重的视觉印象。与此同时，民航服务在着装方面不得随意增减和搭配。民航服务人员需结合服务礼仪，保持良好的职业素质和工作习惯，最大化的满足乘客的需求，提高乘客对民航服务的满意度。

2. 得体的言谈举止

优雅得体的言谈举止是民航服务礼仪的另一种表现。语言表达方面要重视语调语气，注意培养语言艺术。民航服务人员在行为举止和言谈方面，要保持统一和良好的行为规范，同时在迎接乘客登机、协助乘客放置行李和入座等工作时，要体现出文明规范的举止和礼貌得体的语言，所有的行为举止和言行都要遵守航空服务礼仪的相关行为规范。总之，相关民航服务人员要严格按照航空公司相关规定，实行程序规范化的服务，保持良好的礼貌用语和行为规范，在一言一行中，都要以航空服务礼仪的基本要求为主。

案例 1-2

购票方便快捷，空姐服务到位

在日本飞机票并不贵，淡季机票打折，比乘高速火车新干线还便宜，速度也快得多。乘火车从东京到福冈至少要5小时,而坐飞机只需2小时。买飞机票可以在火车站预购,也可以打电话告知其姓名和航班号,登机前再取票。如果临时有事走不了,打个电话便可更改日期。

乘客可凭当日机票免费乘地铁到机场,通过自动装置办理登机手续。把机票插进自动装置,只需几秒钟机票上就能印出登机口和座位号。相对麻烦的是安检,乘客要先把身上所有金属制品掏出来。如果安检门报警装置响起来,安检人员就会手持探棒将乘客周身扫一遍,最多也就几分钟。乘客一般在飞机起飞前10分钟开始进入登机口。

日本乘务员递送报纸和毛毯时身体动作很有节奏,转身时幅度小,讲话轻声细语。送饮料时,她们会弯下身子,微笑着问清乘客所需,哪怕只有1小时的飞行路程也会奉上饮料。每逢走到经济舱和公务舱相接处,乘务员总要回转身来向乘客鞠上一躬,然后掀开布帘进公务舱。乘客下飞机时,乘务员站在门口,笑着鞠躬道谢。

为什么日本乘务员能够时刻面带笑容,鞠躬姿势那么标准?一位刚参加工作的日本青年为记者解开了谜团。他说,日本航空公司对新员工都有岗前培训,尤其大公司培训新员工往往要用一个月时间。怎样鞠躬、怎样递名片、怎样微笑等都是岗前培训的重要内容。

日本服务行业的新员工为了笑得“标准”,甚至会在嘴里噙根筷子长时间练习。他们当中,很多人念书时大大咧咧,似乎对什么都不在意,但一进公司马上变样,开始自觉地扮演其社会角色。

资料来源:陈淑君,栾笑天.民航服务、沟通与危机管理[M].重庆:重庆大学出版社,2017.

案例启示:优雅得体的仪容仪表和细致周到的服务可以给乘客带来“被尊重”的感觉。民航服务工作人员所有的行为举止和言行都要遵守航空服务礼仪的行为规范,这会促进航空公司整体服务水平的提升。

在民航服务的过程中,相关民航工作人员必须根据航空公司的要求进行自身仪容仪表的规范和完善,更好地将女乘务员端庄、淡雅的形象体现出来;同时,在进行服务的过程中,相关男乘务员应该表现出整洁和大方的仪容仪表,并且还要充分展示自身的礼貌习惯素养和文明行为。通过乘务员的外在形象和内在素养,促进民航公司整体服务水平的提升。

三、端正服务态度

(一)真诚

真诚一般指的是真实、诚恳,没有一点虚假。真诚是人与人之间的交往得以持续下去的保证。真诚是一种美德、是一种境界,也是每个人应具备的交际品质。它是社会赋予人们做人的原则,是人类追求的共同目标。真诚不等同于智慧,但它常常绽放出比智慧更诱人的光泽,有许多凭借智慧千方百计也得不到的东西,通过真诚却可以轻而易举地得到。

服务中真情实意,服务效果将大大提高。民航服务人员面对乘客时要语言亲切、真诚热情。无论工作任务多么重,都不要表现出厌烦、急躁的情绪,要耐心倾听乘客的抱怨,心平气和地运用婉转语气进行解释,要观察并研究乘客的心理特点,在其语言、举止、神情中研究其需求,在乘客开口前为其提供细致入微的服务。

(二)主动

服务意识最基本的要求是积极主动和服从尽责。民航服务理念应体现主动性,这是服务人员必须具备的素质,即做事积极主动、认真负责。在民航服务中主动性体现在服务的各个环节上，在停车、购票、行李托运、排队安检、海关、休息室、航班信息、手推车服务、摆渡车、候机口、转机等环节中都要注重乘客的感受，主动参与到各项服务中去，确保服务的主动性。

要做到主动服务，民航服务人员必须要具备热情、周到、主动的服务观念和意识，拥有自觉主动做好服务工作的欲望和意愿。主动服务意识是发自民航服务人员内心的，它是民航服务人员需要养成的一种良好习惯。服务意识必须深刻植根于民航服务人员的思想认识中，并通过日常培养、训练形成。

积极主动为乘客服务，这是我们必须倡导的服务意识。具备种种较高服务意愿的民航工作人员，在与乘客进行服务接触的过程中能够随时观察乘客，根据自己的工作经验，预判乘客的服务需求，进而提供及时周到的服务，这就在很大程度上避免了服务冲突的发生。即使发生冲突，具有主动服务意识的民航工作人员也能够用心体会乘客的心理诉求，以对方喜欢的方式为其解决问题，做出服务补救。

四、提供个性化服务

不同客运飞行航班中乘载的乘客情况各不相同，因此民航服务要具有随机应变的能力，结合不同乘客的实际需求，采用针对性的个性化服务，充分发挥民航服务人员在航空服务中的内在潜能，尽可能满足不同乘客的相关要求。对于乘客提出的一些特殊要求，相关民航服务人员应在不失礼仪的前提下，尽可能地提供灵活性的服务和创造性的服务，有效保持良好的礼仪素养和综合素质，最大化地提高乘客对民航个性化服务的满意程度。

（一）灵活

我国的民航服务岗位具有知识型和操作型的双重特点，在实施服务的过程中，因服务地点、服务职能、服务对象、服务项目的不同，工作性质具有相应的灵活性。

民航服务所涵盖的知识面很广，并非只是端茶送水。为增强民航工作人员的服务意识，民航服务人员需要不断拓展知识面。在航空服务中会发生许多突发事件，这就需要民航服务人员提高客舱应急处理、客舱急救等客舱安全意识，掌握对待重要乘客和特殊乘客的客舱操作与服务技能，同时还要具备生活常识、礼仪知识、心理学知识、航线知识、旅游知识等，这样才能灵活地处理乘客所遇到的问题，更好地确保乘客行程的顺利。

（二）创造

民航的服务岗位人员，无论是地勤人员还是空乘人员，都应具备相应的创造性。创造性主要体现在服务内容和服务质量上。我国民航服务的规程中不包括所有的服务环节，这时就需要民航服务人员从服务细节入手，在提供服务的过程中发挥创造性，为顾客提供最满意的服务。

例如，在飞行航班中会经常出现无成人陪伴的儿童乘客。为更好地帮助他们，民航工作人员需要在民航个性化服务的过程中，结合航空公司的相关要求，对无成人陪伴儿童进行专项服务和特别照顾，给予无成人陪伴儿童最大化帮助。例如，航空公司应派专人协助其办理乘机登记和海关手续；在登机过程中，相关工作人员要第一时间给予照顾和帮助；在飞机起飞后或者送餐饮食时要第一时间询问清楚需求；禁止提供相对锋利的餐饮器具；对饮食合理加热，等等。这样可以防止不必要问题的发生。对于婴儿乘客，民航服务人员需要在飞机起飞后，与其父母进行沟通和询问，给予婴儿乘客个性化和针对性的服务，比如为婴儿乘客

打开婴儿专用睡车和专用摇篮等，同时还应时刻关注婴儿乘客的奶瓶冲灌、临时婴儿用品等问题，更好对其进行服务和帮助。

除此之外，在个性化服务过程中，务必以安全为前提开展工作，时刻绷紧安全弦，同时要积极与乘客构建良好人际关系，加强与乘客之间的沟通和相互理解，将个性化服务和相关服务礼仪落实到位。

第三节　沟通概述

无处安放的皮鞋

飞机开始滑行，乘务员做着起飞前的最后检查工作。乘务长也从头等舱开始，细致地检查着乘客们的安全情况。当走到出口座位时，乘务长发现2L门边的乘客已将脱下的鞋子放在了脚边。乘务长轻轻地蹲下，微笑着告诉该乘客："您好，先生。由于您的座位是在飞机的应急出口位置，应急出口处是不能放鞋子的。"该乘客看了一眼乘务长，却没有任何的回应。见此情形，乘务长稍微提高了音量，把刚才的话重复了一遍，乘客仍然没有任何回应。虽有些无奈，但为了飞行安全，乘务长只好默默地把该乘客放置在一旁的鞋子放入座位下方的行李挡杆区域。

资料来源：刘静.客舱微案例[R/OL]. http://www.onlinelearningsurvey.com/reports/goingthedistance.pdf.[2020-03-06].

问题与思考

（1）面对态度冷漠的乘客，案例中的空乘人员是如何处理的？

（2）在航班中，空乘人员会遇到各种各样的乘客，应该如何沟通才能事半功倍？

民航服务质量的根本性问题就是人与人之间的沟通问题，双方的人际沟通能力和态度对于问题的解决会产生重要影响。良好的沟通能力是每个民航服务人员应具备的基本素质。我国民航服务人员的沟通技巧和语言能力相对薄弱，在进行服务时往往会因沟通不畅产生一些误会和矛盾，不利于机场的正常运转。因此，提升民航从业人员的沟通能力和语言能力，对于化解矛盾冲突、提升民航服务质量有着重要意义。

一、沟通

（一）沟通的概念

沟通是指人际交往的基本行为过程，是人与人之间、人与群体之间思想与感情的传递和反馈的过程，以求思想的统一和感情的通畅。沟通，也是一种信息交流，是人与人之间交换思想或传递情报的过程。现实生活中，每个人每天都以各种方式与他人进行沟通。沟通是人类社会交往的基本行为过程，通过沟通，人们可以交流思想、联络感情、传递信息；沟通是人与人之间、人与群体之间思想与感情传递和反馈的过程，通过沟通，人们可以交流彼此的观点和看法，增进双方的了解，寻求共识，消除隔阂，谋求一致；通过沟通，人们可以表达自己的意向和态度；通过沟通，人们可以化解误会，消除疑虑。

（二）沟通的分类

1. 语言的沟通

语言是人类特有的一种非常有效的沟通方式。语言的沟通包括：口头语言、书面语言、图片或者图形。口头语言包括面对面的谈话、开会等；书面语言包括信函、广告、传真，甚至电子邮件等；图片包括幻灯片、电影等。这些都统称为语言的沟通。沟通是一种信息的交换，在沟通过程中，语言是人们沟通的纽带。

2. 肢体语言的沟通

肢体语言非常丰富，包括动作、表情、眼神等。实际上，在我们的声音里也包含着非常丰富的肢体语言。我们在说每一句话的时候，用什么样的音色去说，用什么样的语调、语气去说，都是肢体语言的一部分。我们说沟通的模式有语言和肢体语言这两种，语言更擅长的是沟通信息，肢体语言则更善于沟通人与人之间的思想和情感。

二、民航服务沟通

民航业工作事务繁杂，一般包括售票、值机、安检、餐厅服务以及会务、购物等服务内容，这些服务工作涉及机场地面服务人员的接待工作、空中乘务员的空中服务和餐饮服务、会务与商务中心服务人员的商务服务工作等。民航服务工作往往由于其工作地点和工作要求的特殊性而受到人们的关注。以空中服务为例，乘务人员在高空作业且客舱空间相对狭小，工作环境密闭、噪声较大，同时，他们需要面对各式各样的乘客并与其发生互动行为，为乘客提供包括安全方面、餐饮方面的优质服务。在民航服务过程中，服务人员每天都要与乘客进行沟通，沟通能力是每一名员工必备的基本素质。

民航服务人员不仅要有健康的体魄、亲切的外表，同时要有成熟的心态和得体的处事方法，特别是需要娴熟运用所学与乘客沟通，灵活应变。民航服务人员的语言表达、亲和力、礼仪、对乘客的关心程度等会直接影响乘客的情感反应，并决定着他们对服务质量的评价。得体的语言、成熟的沟通技能是民航服务人员必备的能力，贯穿民航服务的各个环节。因此，民航工作者在创造完美服务的过程中扮演着至关重要的角色，培养民航服务人员的服务能力、改善民航服务人员的沟通能力，将是民航业提高服务水平和顾客满意度的有效途径。

三、服务沟通的意义

做好民航服务工作需要面对面的交流和沟通，语言沟通与信息的传递是民航服务工作的主要媒介。语言沟通能力不仅是民航从业人员自身素质的体现，也是从事民航服务工作的需要。

（一）良好的沟通能力是保证服务质量的基础

民航服务人员的主要工作内容就是为乘客提供航空服务，让乘客能够轻松愉悦完成旅程。随着我国民航业的发展和国内国际航线的不断增加，服务人员面临的人群来自世界各地，具有不同的文化、语言和风俗习惯。在给乘客提供高质量服务的过程中，需要航空服务人员掌握语言沟通的技巧，灵活应对各种突发事件。

对于民航服务人员来说，拥有良好的语言沟通能力是保证服务顺利开展的条件。民航服务人员需要有较强的沟通能力。不论乘客有什么需求都需要民航服务人员来积极解决。乘客对公司服务有意见、有抱怨甚至不满也需要民航服务人员来协调。很多问题经过沟通可以化复杂为简单、化大为小。只有双方多多沟通，乘客才能将自己的需求传达给民航服务人员，服务人员才能掌握乘客的真实需求与讯息，并且及时提供帮助，满足乘客的需求。民航服务人员需要维护公司形象，所以当有乘客抱怨时，应该用诚恳、积极的态度去与乘客协调，重新取得乘客的信任与好感。

（二）良好的沟通能力是改善服务人员与乘客关系的关键

在航空服务工作中，不同的服务语言会得到不同的服务效果。与乘客多加沟通可以使民航工作人员与乘客的关系更加和谐。民航服务人员与乘客之间虽然只是工作与服务的关系，关系存在时间一般较短，但是改善与乘客的关系是十分重要的，这样可以使整个旅行过程减少许多麻烦，使行程更加顺利。如果航空服务人员在服务过程中，语言表达不清，语意含糊或有偏差，往往会加深与乘客之间的误会，导致事件的扩大化。比如在乘客遇到特殊情况时，如情绪紧张、身体不适等，只有民航服务人员可以提供帮助，所以双方一定要及时沟通；当航班晚点等问题发生时，要及时告知乘客，即便乘客情绪不佳甚至愤怒时，也要保持礼貌，对乘客道歉，并且尽全力将缘由解释清楚。有经验的民航服务人员通常能够使用合理的语言准确地表达自己的观点，与乘客共同解决问题，得到较好的服务效果。

多多沟通还可以避免双方的误会。在发生矛盾时，有效的沟通可以化解矛盾，从而改善乘客与民航服务人员的关系，缓解气氛，避免引发麻烦。

在民航服务中，工作人员不仅要关注语言交际的表达，更要注重自身沟通的综合素质。将语言沟通和非语言沟通相融合，提高民航服务人员的沟通能力。良好的沟通不仅可以营造温馨和谐的民航服务环境，还有助于打造优质的民航服务品牌，提升机场知名度以及航空公司的整体形象，获取更多的社会效益与经济效益。

四、服务沟通的障碍

（一）语言障碍

世界语言丰富多彩，就是同一种语言也存在不同的地方语系。语言不通或语言表达的歧义会使我们的服务沟通出现巨大的障碍。所以，作为民航服务的提供者，学习多国语言、了解语言的基本含义是做好服务工作的前提。

（二）经验障碍

过去的经验在某些时候可以帮我们解决服务沟通中遇到的难题，所以师傅带徒弟式的经验教育在民航企业中依然是很重要的培养员工的手段。但是，面对变化的市场、变化的乘客群体，过去的经验容易让我们固执己见，从而形成服务偏见，这时候，经验就成为服务沟通的障碍。

（三）文化障碍

在民航服务中，文化障碍是最大的沟通障碍之一。文化障碍有两方面的理解：一是乘客文化层次有差异，且服务者的文化教育程度不同；二是乘客、员工不同的文化成长背景带来的对同一事物、现象的不同理解。在现阶段的民航服务冲突中，大部分是由这一障碍造成的。

（四）情绪障碍

人是情绪性的动物，而情绪又会影响人的正常思维和行为。当人处于郁闷、悲伤、愤怒或兴奋中，沟通障碍就已经产生了。

（五）沟通方式不当

面对不同的沟通对象，应使用不同的沟通方式。如果选择了不当的沟通方式，双方的沟通会不太愉快，甚至将难以正常进行。

第四节　有效沟通

案例导入

某日，一位安全教员与学员共同执行四川飞往北京的航班。飞机停稳后，该学员按规定隔开两舱旅客，保障头等舱乘客优先下机。这时，普通舱的一位乘客拿着行李急匆匆地来到前舱，试图绕过该学员来到头等舱想在第一时间下飞机。该学员说到：“不要挤我，慌什么慌，门都没开，你也下不去。”该乘客说：“我一个小时候后的航班转机到青岛，怎么不着急！”该学员回话到：“你就是再急，还不是要等头等舱旅客下机后才能下。”两人你一句我一句，互不相让。后来该乘客得知该学员为机上工作人员，投诉其态度不好。

资料来源：川航呼叫中心.典型服务案例[R/OL].https://mp.weixin.qq.com/s/nAE-mVJRrf0ecX9tiLMeqA.[2020-02-13].

问题与思考

（1）该学员的服务用语存在哪些不足之处？

（2）在本案例中，该学员应当如何进行有效沟通，才能实现严格执法和热情服务双重目标？

一、有效沟通的概念

所谓有效的沟通，是通过听、说、读、写等载体，通过演讲、会见、对话、讨论、信件等方式将思维准确、恰当地表达出来，以促使对方更好地接受。所以，有效的沟通是在恰当的时候及适宜的场所用得体的方式表达思想和感情，并能被别人正确理解和执行。所以，沟通不仅仅是传达思想情感、沟通感情，沟通的最终目的是达成共识。所以，只有有效的沟通才是有意义的。有效沟通要做到六个适当：在适当的时间、适当的地点、把适当的信息、用适当的方法、传递给适当的人、取得适当的反馈（效果）。有效沟通强调沟通目标的明确性，通过交流，沟通双方就某个问题可以达到共同认识的目的。达成有效沟通须具备两个必要条件：首先，信息发送者要清晰地表达信息的内涵，以便信息接收者能准确理解；其次，信息发送者要重视信息接收者的反应并根据其反应及时修正信息的传递，避免不必要的误解。

沟通是为了设定的目标，把信息、思想和情感在个人和群体间传递，并且达成共同协议

的过程。从沟通的概念可以看出，沟通不仅仅是信息的传递，更是思想和情感在个人和群体间的传递。如果一个服务沟通行为只是传递了一项信息，而没有将感情传递给乘客，那么沟通就是无效的，甚至是失败的。有效沟通是一种动态的双向行为，双向的沟通应得到充分的反馈，只有沟通的主体、客体双方都充分表达了对某一问题的看法，才实现了有效沟通。因此，沟通应以有效沟通为目的，才能达到控制成员行为（包括企业成员和乘客）、激励员工（互相激励）士气、改善工作绩效、向员工或乘客表达感情、实现流通信息的实际效果。

有效的语言沟通能够帮助建立人与人之间的信任，拉近彼此的距离。民航服务是一个窗口性服务行业，人际接触频繁，工作人员语言交际的信息传递和感情传递颇为重要，甚至影响着民航服务的整体质量。因此，民航服务人员需要不断了解和完善自己的语言沟通技巧，熟练掌握和运用各种沟通方法，以便能更好地与乘客进行交流、沟通，更好地为乘客服务。如果每一位民航服务人员都具有丰富的口头表现力和独特的公关魅力，在对乘客服务的过程中做到得体、大方、有亲切感，就能让乘客真正体会到宾至如归的感觉。

二、有效沟通的方式

美国学者桑德拉·黑贝尔斯、里查德·威沃尔在其《有效沟通》一书中，将沟通进一步定义为：沟通是人们分享信息、思想和情感的任何过程。这种过程不仅包含口头语言和书面语言，也包含形体语言、个人的习气和方式、物质环境——即赋予信息含义的任何东西。而从沟通组成来看，一般包括三个方面：沟通的内容，即文字；沟通的语调和语速，即声音；沟通中的行为姿态，即肢体语言。这三者的比例为：文字占 7%，声音占 38%，行为姿态占 55%。同样的文字，在不同的声音和行为下，表现出的效果是截然不同。所以有效的沟通应该是将三者有机结合起来。

（一）沟通内容之语言

民航服务人员在实际的语言表达中要注意语言的逻辑性，表达清晰，礼貌简洁，突出重点和要点并且真实、准确，尤其应该注意调整自己语音语调、音质音色、说话技巧、外语能力等。亲切自然、声情并茂、得体达意、流利通畅的表达是客舱服务语言的制胜法宝，也是成为优秀民航服务人员的先决条件。

1. 注意使用文明礼貌的语言

语言是服务的工具，是沟通最基本的手段。人与人之间的沟通交流，虽然也包括仪态、表情等，但一般情况下是用语言来完成的。文明礼貌用语是沟通的首要原则。古人曰：礼多人不怪。特别是对于服务行业而言，礼貌用语更是应该多多益善。

在民航服务过程中，工作人员在接触乘客时要善于使用“请”字。“请”是一种礼貌，更是一种姿态。当一个人对另一个人说“请”时，这个人已经将对方放在“尊贵”和“显赫”的位置，将谦恭的姿态表现了出来。被“请”的人将非常乐意地为“请”字后面的行为努力，因为他体会到了尊重。所以，民航服务的员工请多用“请”这个美好的词语来表达对乘客行为的希望和要求。

当然，民航服务人员难免因工作失误或意想不到的麻烦造成乘客的不满或不悦，不管造成其不愉快的原因是主观的还是客观的，民航服务人员都要妥善处理，而息事宁人最好的方式就是道歉。真正的道歉并不完全是认错，而是为了消除怨恨与误会、求得谅解，恢复和睦关系。道歉的艺术，寓于以下三个方面。

(1) 迂回致歉。在乘务工作中，乘务人员难免会因一些小事得罪乘客，而出于某种原因又不便公开道歉，这时就可以采取迂回致歉的方法。比如，乘务员对甲女士关照过多，暂时忽略了乙女士，引起了乙女士的不悦。乘务员察觉之后，便要特别关照乙女士，如下飞机时扶她一把，问候她一声等都能使她明白乘务员语言或行动中所含的歉意，从而达到冰释前嫌的目的。

(2) 礼仪致歉。对于礼仪致歉，一般是出于社交场合的需要。比如，送客时说："服务不周，还请多多包涵，欢迎再次乘坐本次航班。"送礼物或纪念物时说："这是我们航空公司的一点心意，希望你们喜欢，谢谢你们一直以来对我们的支持。"

(3) 衷心致歉。衷心致歉的话不在多，而在于是否真心诚意去请求对方谅解。只要是站在对方的立场上去处理问题，矛盾自然会得到解决。所以衷心致歉的关键是发自内心、确有诚意。

2. 选择恰当的语言交际用词

语言沟通具有意义表达迅速、准确、能即刻得到信息接受者反馈的优点。正确恰当地使用语言，使听者心情愉快，感到亲切、温暖，而且能融洽彼此之间的关系。

乘客和民航服务人员很多时候会站在思维的对立面。有些乘客认为民航服务人员的服务态度不够好，让乘客不满意。同样，民航服务人员认为乘客的要求太多，过于挑剔，不够宽容。所以民航服务人员与乘客之间的沟通，特别要注意看什么人说什么话，这是和乘客处理好表面关系最好、最直接的办法。比如，迎接乘客时要打招呼，表示欢迎；判断乘客的年龄和身份，用适当的称呼；乘客需要帮助时，乘客身体不适时，或者乘客出现了一些小过失时，诚恳、安慰的语句可以很好地减缓他们紧张的心理；在乘客有需求时，要认真地倾听，并且学会做出回答，不论是否能做到，都要给乘客准确、清楚的回答。在服务过程中切忌使用伤害性语言，不讲有损乘客自尊心的话，也不能讲讽刺挖苦乘客的话，话语要处处体现出对乘客的尊重；语意要明确，在与乘客交流中，尽量使用明确简洁、适当中肯的语言，可增强乘客的信任感。

在民航服务过程中，语言沟通时出现的用词不当、发音不标准、语法不规范、对乘客咨询的航空问题的错误解读等问题，容易误导乘客对服务内容的理解，导致乘客无法获得有效的回答。这些问题说明民航服务人员的语言沟通能力不足，不当的语言沟通可能导致分歧、误解和破坏信任等不利影响。构建民航服务人员与乘客之间的良好关系对服务有决定性的作用。因此，民航服务人员在工作中使用的语言要真实、准确、委婉，富有情感、新意和针对性，切忌简单、急躁，以此引起乘客发自内心的好感，给乘客带来亲切感，使其获得心理上的满足。

3. 切记不要轻易说"不"

民航服务人员与乘客交谈时，一定要在语言上表现出热情、亲切、和蔼和耐心，要尽力克服急躁、生硬等不良情绪。在语言表达时，民航工作人员在服务中永远不要说"不知道""不行""不可以""不清楚""这不是我们部门负责的"等忌语。

要做到这点，就要求乘务员必须牢记服务项目、设施等有关业务知识。比如，在一次航班上，有位王先生询问乘务员怎么找回前天丢失在该航班上的外套。乘务员回答说："前天又不是我飞的，我怎么知道。"王先生说："我只是想知道怎么找，并不是要你帮我找。""哦，

那你外套里有没有值钱的东西呀?”“没有,就是一件外套。”“哎,先生,既然没有值钱的东西那就别找了,一般像这种不值钱的东西,我们捡到后是不会交到失物招领处的。对不起,我还有其他事。”乘务员说完头也不回地就走了。王先生在座位上生气了半天,下机后直接去了投诉室。

在民航服务中,永远不要给乘客否定的回答,应该明确地告诉乘客寻找方向,即便找不到也应该记下乘客的信息,以便后续给乘客一个答复。在事情的处理上,原则是让乘客满意,只要重视了乘客,即使找不到,乘客也会理解的。

4. 提高外语沟通能力

近年来,随着我国经济不断发展,来自各个国家的乘客增多,所以国内或国际航班的民航服务人员在客舱内遇到国外乘客是很正常的。为了顺应时代发展潮流,民航企业对工作人员外语技能的要求越来越高,除了具备基本的英语沟通能力外,还需要学习其他语种,方便为乘客提供更加专业、更加系统的语言服务。

外语指非本国人使用的语言,在我国,外语包括英语、俄语、日语、韩语、德语及法语等;外语技能指听、说、读、写某一门外语或几门外语的能力,如说出或理解符合语法的句子、辨析存在歧义的语句、判断表面形式相似且实际语义不同或表面形式不同且实际语义相似的语句,掌握话题、功能、语法、词汇及语音等多方面内容。但由于使用语言不是母语,民航服务人员使用外语沟通时偶尔会出错。因此,比较好的做法是,尽量使用句式不过长、内容不复杂的句子。试着用简明扼要的话进行交流服务,同时注意自己的语音语调、声音及咬字的准确性,不用过于害羞、紧张,或者逃避外语表达。

随着民航企业数量不断增多,员工服务水平已取得一定进步与发展,民航企业要求工作人员掌握外语技能以满足外籍乘客合理需求为前提,面向其提供周到的旅行服务,满足日益严格的服务工作要求,扩大民航企业的行业影响力。一旦旅途过程中发生紧急情况,便于与乘客沟通安抚乘客情绪,确保乘客生命安全,促使服务工作模式向标准化及专业化转变。此外,乘客面对无语言沟通障碍的服务人员能消除内心寂寞感及无聊感,以达到放松身心的作用,这样可以更好地拉近民航服务人员与国际乘客之间的距离,给乘客宾至如归的感觉。

(二)沟通声音之语音语速

民航工作人员与乘客沟通时,语音要准确、音量要适度,以对方听清楚为准;说话的语气要温柔、语调要平和,语音的高低、轻重、快慢要适宜,语气要适度,并且态度要真诚,让人感到友好与安全。

民航服务人员讲话时特别要注意语音语调停顿的技巧,避免歧义的产生。在客舱经常会遇到乘客换位置的情况。如果此时,一名乘务员顺口问了句:“你想怎么换?”结果乘务员用错了语音语调,发音变了调。这句话就变成:“你想(第二声)怎么换(第四声)?”显然,这样的语气会让乘客觉得乘务员的态度很不友善,后果严重的还会引起乘客的投诉。事实上,乘务员只想征询乘客的意见,但因为用错语音语调,便造成了误会。这样的例子在实际工作中确有发生。因此,乘务员在服务过程中应尽量少用祈使句。同时,在话语的最后一个字少用“抑”的语调,否则会给人不尊重、不友善和不耐烦的感觉。比较稳妥的做法是,在一句话的末字,尽可能地使用一些“扬”的语调,给人留下尊重,同时带有征求乘客意见的感觉,使得双方有回旋的余地。

由此可见，合理合适地应用抑扬顿挫，配合毕恭毕敬的态度，至少可以避免误会，同时，让乘客产生一种“我是被民航服务人员尊重”的感觉。如果用错语音语调，就有可能改变说话者的初衷。

（三）沟通姿态之情态仪态

与人交流不仅只是语言方面，在客舱语言交际过程中，非语言部分也占有举足轻重的作用，有时甚至比口语交际的效果还要好。这种独立性的非语言又称体态语言或态势语言。体态语言是通过表情、举止、神态、姿势等象征性体态来表达意义的一种沟通手段。美国心理学家卡特・W. 贝克把体态语言分成三类：第一类是动态无声的首语语言，如点头、挥手、微笑、眼神等；第二类是静态的体态语言，如姿势、服饰、发型等；第三类是有声的体态语言，如叹气、咳嗽等。体态语言对于沟通双方好感、亲密感和信任感的形成具有重要影响，因此民航服务人员对沟通技巧的运用，不仅仅要体现在语言的表达上，还要体现在其他以身体辅助和加强表达的种种行为上，如微笑、倾听等。

1. 情态

人类的各种情感都可以非常灵敏地通过面部表情反映出来。面部表情能够真实、准确地反映感情、传递信息，比如，和蔼亲切的表情可以向他人传递友好的信号，生硬的面孔则向他人传递冷漠和疏远的信号，而微笑和认真倾听的神态则会让对方感受到重视和关怀。

（1）微笑。微笑是通过不出声的笑传递信息。在现实中，微笑具有奇妙的力量，它不仅可以成为口头语言交际的“润滑剂”，而且是无声的“交际世界语”。它不需要“翻译”，不同民族文化的人大多能领悟到其中的语义。它是礼貌待人的基本要求，它能使面容舒展，容易被接受与欣赏。真诚的微笑能传递出友善、关注、尊重、理解等信息。微笑是一种知心会意、表示友好的方式，是在服务接触过程中最有吸引力、最有价值的面部表情。笑容可掬的民航服务人员总能给人以亲切、友好、热情的印象，使人得到如沐春风的感受。如在服务工作中出现一个小小的失误时，民航服务人员微微一笑，就含有“对不起”的歉意，可以消除对方的不满情绪；与乘客交流时，边微笑边说话会让人觉得亲切、可信、有诚意。微笑还可以与其他体态语配合，代替有声语言的沟通。如当遇到不易接受的事情可边微笑边摇头，以示委婉谢绝，不会使人感到难堪。

（2）眼神。眼睛是心灵的窗户，是传递信息有效的途径和方式。研究发现，眼睛是透露人内心世界最有效的途径。通过目光交流，既能捕捉自己所需的信息又能引起对方的注意。与乘客对话时，民航服务人员要注视对方的眼睛，目光要诚恳；乘客则可以通过服务人员的眼神和表情看出其态度究竟是真心真意还是虚情假意，判断对他们的欢迎和关心程度，也可以从眼神和举止中获取用来判断对方可靠与否的线索。看不到对方的眼睛就无法了解对方说话时处于怎样的状态，也难以确认对方对自己的讲话究竟会做出怎样的反应。所以民航服务人员在与乘客的交流过程中要进行正常的、自然的目光接触，否则会让人感到拒他人于千里之外。当然，在服务过程中，民航工作人员也不要总盯着乘客上下打量，更不能注意或久视乘客的生理缺陷，否则会让乘客感到难堪、窘迫或尴尬。

2. 仪态

仪态是身体在某一场合中以静态姿势所传达的信息，能够反映人的心理状态和修养。在民航服务中主要有站姿、坐姿、蹲姿、行姿。站姿要求上体正直，头正目平，挺胸收腹，立腰

收臀，嘴唇微闭，表情自然；坐姿要求上体正直，头部端正，双目平视，两肩齐平，下颚微收，双手自然搭放；蹲姿主要有高低式，半蹲式等，要求一定要做到姿势优美，两腿靠紧，臀部向下，使头、胸、膝关节不在同一个角度上，以塑造典雅优美的蹲姿；行姿要求上身挺直，收腹立腰，摆臂自然，步态优美，步伐稳健，动作协调，走成直线。

仪态是一种通过姿势和其他象征性姿态进行交流的手段。在沟通过程中，肢体语言的运用也非常重要，往往一些小的肢体语言能够消除乘客的矛盾心理，这需要服务人员在工作中观察和总结，比如，在倾听时，由于乘客是坐着的，所以服务人员要微微倾斜身体，但需要保持一定距离，能让乘客感觉到对他的尊重。

营造良好的民航服务环境、打造优质的民航服务品牌、吸引更多的服务对象是每个航空公司奋斗的目标，而语言交际无疑是成就这个目标的关键。在客舱服务中，民航服务人员不应该把语言交际仅仅局限于语言的交流，而是要综合运用多种沟通技巧，注意诸如微笑、眼神交流和手势姿势等细节，温和的表情、适当的目光交流、得体的举止和姿态会增加对方的信任感和亲切感。

三、有效沟通的策略

从心理学角度，沟通包括意识层面和潜意识层面，意识只占1%，而潜意识占99%。因此，有效沟通必然是在潜意识层面的、有感情的沟通。

（一）真诚面对乘客

真诚指的是真实、诚恳、没有一点虚假，不欺骗，以诚待人，思想和言行保持一致，从心底感动他人而最终获得他人的信任。真诚表现出人善良、诚实的美好品行。真诚是理解他人的感情桥梁，而缺乏诚意的交流难免带有偏见和误解，从而导致交流的信息被扭曲。实际上，沟通中信息发送者是否能达到目的完全取决于信息接收者。真诚的服务沟通最重要的就是用心聆听，这就要求民航服务人员站在乘客的角度，了解乘客的真正的需求，只有通过这样的方式才能赢得乘客的信任，具体表现为时刻为乘客的利益着想。为乘客着想就是要求民航服务人员从乘客购票的那一刻起，时时处处为乘客行方便、为乘客谋利益，使乘客得到真正的实惠。民航服务人员应思乘客之所思，想乘客之所想，站在他们的角度感知、体会、思考服务中的问题和不足，采取平等、商量的口气和乘客沟通，学会体谅乘客、感激乘客，一切为乘客着想，洞察先机，将最优质的服务呈现在乘客面前。

（二）学会察言观色

民航服务人员除了要使用适当语言进行沟通之外，还要用心观察、揣摩和分析乘客的诉求和意见，通过对乘客表情、言语、举止进行观察，分析并掌握其性格类型，从而展开进一步的行动。在服务过程中，民航服务人员要善于发现和留心乘客人群，考虑乘客的举止神态，观察乘客需要帮助的时机。有时捕捉到的行为举止往往比语言更能说明乘客的心理需求及问题所在，比如，看到乘客无法把箱子抬到头顶行李架时，要及时地去询问是否需要帮助。哪些乘客正在寻求帮助、哪些属于特殊乘客、他们有什么特殊的服务需要等这些问题通常是在考察服务员的观察和注意能力。

要想为乘客提供优质服务，民航服务人员就必须研究乘客的真正需求培养自己细致的观察、敏锐的触角、经验的积累和感性的思维，例如，人在紧张时可能会掰手指或挠头皮、眨眼睛等，民航服务员可以通过观察更进一步了解乘客内心的真实想法，注意寻找提供服务的契机，最大限度满足乘客的服务需求。“用心”观察，总能在熙熙攘攘的客流中迅速发现最需要帮助的人，通过观察乘客的举止、言行来判断乘客需要什么样的帮助，有助于民航服务的正常进行。

（三）保持良好心态

情绪是人对客观事物的一种体验，是人的需要和客观事物之间的关系反映。乘客在接受各种服务活动过程中，会产生主观的情绪和情感；在为乘客服务的接触中，民航员工也有情感体验的过程。服务人员与乘客保持顺畅的情感沟通和良好的情绪，有利于服务工作的顺利进行。在民航服务过程中，服务人员和乘客之间难免会发生矛盾或误解。面对乘客的抱怨甚至是过激行为，服务人员首先要让自己冷静下来，不要急于辩解；要控制好自己的思想情绪，要包容一切，做到喜怒不形于色，既不冲动，也不消极；要虚心、耐心、诚心地对待乘客，不计较乘客的语气和表情。自己实在委屈时，民航服务人员可以在内心默默告诫自己“息怒”以达到平静；设法转移注意力以有效推迟情绪升温；设想后果的严重性以提醒自己调整心情。要控制情绪，不单要求民航服务员工理解自己所在岗位责任的重要性，并且要求他们具有一定的心理承受能力，自觉调整自己的情绪，保持稳定和平静的心境。

（四）选择适宜的时机

良好的沟通需要把握时机，提供恰到好处的服务。曾经听一位乘客讲述，他在头等舱休息时，被前舱乘务员说话的声音吵醒，于是委婉地向乘务长提起了这件事。在接下来的时间里，他本想继续休息，却被乘务组连续四次诚挚的致歉打扰。乘务组的认错态度不可谓不端正，可收到的效果不尽如人意。从这件事可以看出，好好沟通也需要从乘客的角度出发，懂得恰当的时机。

民航服务人员主动与乘客交流，想要对乘客表达自己的意见时，要注意时机，以乘客为主，选择乘客方便的时候。例如，飞机起飞了，乘客还在打电话，民航服务人员因其职责所在需要去制止，但是也要等乘客挂电话，或者乘客停止说话时去提醒一下。当乘客在休息时，非必要情况不要去惊扰乘客。

（五）避免程式化的服务方式

民航服务人员在进行服务时，从在客舱迎接乘客登机、介绍登机的安全条例和注意事项，再到为乘客提供餐饮等一系列服务和特殊乘客服务，这些都是有相关的民航服务人员行为规范可依的。而由于飞机上的意外突发事件相比其他行业要复杂很多，因此，可以通过对以往事件的发生原因和当时民航服务人员的处理方式进行详细分析来借鉴和补充，有针对性地对各种突发事件进行系统地学习和训练，保证出现突发事件时，民航服务人员能在最短时间内以最佳处理方式解决问题。

有效沟通还需要为乘客找到合适的解决方法。对于乘客提出的千百种需求，服务人员搬出既有规定并将它们否定是最容易的一种做法，但也是最不贴近乘客的一种做法。所谓真情服务，是希望民航服务人员能够利用情感因素，不要以安全为借口，也不要以规定为托词，在确保安全的前提下，找到方法帮助乘客解决问题，这才是好的沟通和服务。比如，有些乘客座位上的操作面板可能有故障，不能观看视频。此时，乘务员就应该尽可能为乘客调换座位。如果客舱已满，可以为乘客多提供几份报纸、几本杂志等，尽量安抚乘客烦躁的情绪。

又如，在炎热的夏季，如果遇到航班延误，在民航服务人员可以适当调低客舱温度，让客舱环境舒适一点儿。

沟通是做好民航服务工作最为关键的要素，懂得沟通才能懂得如何更好地服务。从民航服务的效果角度讲，沟通如果没有体现在结果上，也就成为无效的沟通。在民航服务沟通过程中，乘客经常不能理解工作人员所传递的信息，因此对老年人或者文化水平较低、理解能力较低的乘客，服务人员应尽量避免使用民航专业术语。

沟通是一门学问，懂得沟通才能懂得如何更好地进行服务。有效的沟通不仅能体现出民航的服务水准，还能决定乘客对民航服务的印象。为了更好地实现与乘客的沟通，民航服务人员只有反复实践，才能不断掌握新的服务技巧，形成新的沟通形式，从而较好地运用沟通技巧打开和谐的关系之门，提高与乘客的服务沟通水平，达到为乘客提供优质服务、让乘客满意的目的。

综合练习

案例分析

2007年7月某日，在MU5142航班（太原—上海）上，一位乘客投诉，在飞机降落时想要去洗手间，被乘务员阻止，乘客认为乘务员在解释期间有不尊重她的意思。

经电话了解，乘客表示，她在飞机播报下降广播后想上洗手间，乘务员以飞机下降不安全为由阻止了她，而该乘务员在告知时却与其他机组成员聊天说笑。乘客认为，既然是以安全为由，乘务员尚且闲聊说笑不以身作则，怎么能谈得上安全，认为乘务员不灵活。

资料来源：殷敏，岳梦颖. 服务语言艺术[M]. 北京：航空工业出版社，2018.

问题与思考

你怎么看待案例中民航服务人员的做法？

拓展训练

一、思考讨论

1. 在重庆飞往海口的PN6347航班上，一对老年夫妇正在登机。乘务长小静上前帮助两位老人提拿行李。在交谈中，小静了解到两位老人此次是去海南度假，而老奶奶的腿脚不好，行动不便。如果你是乘务长，你会怎样为这对夫妇服务呢？

____

____

____

2. 瑞秋先生是一位外籍商业人士，由于业务繁忙，经常往返重庆和海口，与机组人员非常熟悉。奔波了一天的瑞秋先生拖着重重的公文包疲惫地登上了PN6347航班，准备返回海口。如果你是乘务长，你会怎样为瑞秋先生服务呢？

3. 假设你是某机场的一名地勤人员，在正准备下班去坐班车的路上碰到一名乘客，行色匆匆地拉住你想要了解退票手续等事宜。此时，你可以采取哪些办法来解决这一问题，从而表现出作为一名机场工作人员应有的服务意识？

二、情景模拟

根据以上三个情景，分小组模拟乘务员和不同的乘客，注意运用沟通技巧。

课外阅读

反应第二

（战国）鬼谷子

古之大化者，乃与无形俱生。反以观往，覆以验来；反以知古，覆以知今；反以知彼，覆以知己。动静虚实之理，不合于今，反古而求之。事有反而得覆者，圣人之意也，不可不察。

人言者，动也；己默者，静也。因其言，听其辞。言有不合者，反而求之，其应必出。言有象，事有比，其有象比，以观其次。象者象其事，比者比其辞也。以无形求有声。其钓语合事，得人实也。其犹张置网而取兽也，多张其会而司之。道合其事，彼自出之，此钓人之网也，常持其网驱之。

其不言无比，乃为之变。以象动之，以报其心，见其情，随而牧之。己反往，彼覆来，言有象比，因而定基。重之袭之，反之覆之，万事不失其辞。圣人所诱愚智，事皆不疑。故善反听者，乃变鬼神以得其情。其变当也，而牧之审也。牧之不审，得情不明；得情不明，定基不审。

资料来源：许富宏，译注. 鬼谷子[M]. 北京：中华书局，2019.

文章提示：本篇讲的是在沟通中要听其言，观其行，掌握对方想法和意图，制定应对策略。鬼谷子先生认为：根据对方所说言辞来判断言辞背后的实情和意图，这样得到的消息是可靠的。

问题与思考

（1）应如何借鉴鬼谷子的游说方法，用于民航的服务与沟通？

（2）在民航服务领域，如何借鉴鬼谷子的沟通方法？

第二章 有效的服务倾听

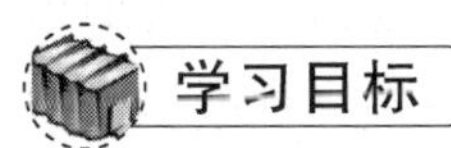

学习目标

（1）理解有效倾听在民航服务工作中的意义。

（2）掌握有效的服务倾听策略。

（3）了解服务倾听的注意事项。

第一节 倾听概述

案例导入

乔·吉拉德被誉为当今世界最伟大的推销员。在他还年轻时的一次推销中，乔·吉拉德与客户洽谈顺利，但即将签约成交时，对方却突然变卦。当天晚上，乔·吉拉德就找上门去求教。客户见他满脸真诚，就实话实说："你的失败是由于你自始至终没有听我讲的话。就在我准备签约前，我提到我的独生子即将上大学，而且还提到他的运动成绩和他将来的抱负。我是以他为荣的，但是你当时却没有任何反应，而且还转过头去用手机和别人讲话，我一恼就改变主意了！"

资料来源：陈淑君，栾笑天.民航服务、沟通与危机管理[M].重庆：重庆大学出版社，2017.

问题与思考

结合上述例子，思考倾听在服务工作中的意义是什么？

一、倾听的概念及特征

"倾"的含义是用尽力气，"听"解释为用耳朵接受声音，"倾听"一般解释为认真地听取。《现代汉语词典（第五版）》对"倾听"的解释是：倾听就是凭助听觉器官接受言语信息，进而通过思维活动达到认知、理解的全过程。广义的倾听也包括文字交流等方式。

倾听并不是简单的动作。听的繁体字是"聽"，其中包含一个"耳"字，一个"目"字，还有一个"心"字，可见古人对"听"这一行为可以理解为：要用耳朵去听，要用眼睛去观察，要用心去感受。所以倾听不是简单地用耳朵来接受声音，还需要调动全身的感觉器官，用耳朵、眼睛、心灵一起去感受对方在谈话过程中表达的信息。简单来说，可以把倾听理解为：在对方讲话过程中，听者通过视觉和听觉的同时作用，接受和理解对方的思想、信息及情感，它是一个从接收、理解到领悟的心理过程。

倾听与听是两个互相联系而又有区别的概念。听是生理上耳膜的震动和大脑中听力系统的信号接收，是人体听觉器官对声音的捕捉。而倾听不仅仅是听，它是一种特殊形态的听，它必须以听为基础。倾听与听之间的本质区别在于“心”。

首先，听是人的本能，是人对声音的生理反应，单纯地听是被动地接收信息；而倾听并非人的天性，是人主动参与的听，是对信息进行积极地搜寻，在这个过程中，人必须思考、接收、理解，并做出必要的反馈。

其次，倾听要有视觉器官的参与。在倾听的过程中，倾听者必须理解对方在语言之外的手势、面部表情等，特别是眼神和感情的表达。倾听者的思想不但要紧跟说话人所说的内容，还要能体会说者的心境和真实的情感，并给出适当的回应。通过倾听，可以理解他人的思想感受，使双方的思想相互融合，引起共鸣。

（一）被制约

倾听是在接收表达者的话语信息的基础上进行的。首先，不同的表达者呈现出不同的言语表达特点。而不同的言语表达特点对信息的接收与理解起着一定的制约作用。其次，特定的语境（包括时间、地点和场合等主要因素）也对言语表达产生一定的影响。

（二）可选择

倾听虽然有被制约的特点，但它并非单纯是一种消极被动行为，因为倾听者对话语信息的接收具有选择的权利。倾听者可以选择性接受那些与自己观念一致的，或自己关心的信息，回避那些不感兴趣的信息。同样，对同一个信息也常常会“仁者见仁，智者见智”。

（三）高效率

一位优秀的倾听者试图从说话人的言语、体态、眼神等各个方面搜寻信息。倾听者在倾听的同时不仅要理解对方的话，还要理解对方的人，在完整地理解和把握其真实意图的基础上，再依据事实得出结论，从而更好地避免对说话者作出武断的评价，让自己的信息采集更为全面客观。这种倾听是一种高效率的听，是在接纳的基础上，积极地听、认真地听、关注地听，通过听对方说话，感悟到对方的思想，并在倾听时适度参与，以求思想一致，感情通畅。

二、倾听的过程

倾听是一个复杂的心理过程，包含了接收信息、理解信息、记忆信息、评估信息和反应五个阶段。

接收信息是倾听的第一个阶段，也就是由感觉器官接收外界的刺激。倾听不仅包含接收对方传达的口语内容，而且包含注意对方的非语言信息。理解信息是倾听的第二个阶段，也就是了解对方传达信息的意义。除了必须注意对方所表达的意见和想法外，也必须了解对方言谈时的情绪状态。记忆信息是倾听的第三个阶段，即把所接收与理解的信息停留在脑海中一段时间。评估信息是倾听的第四个阶段，即判断说话者内心的意图。人们除了理解、记忆说者所传达讯息的表面意义外，还必须进一步推测这些信息的深度意义。反应是倾

听的最后一个阶段，也是十分重要的一个阶段，说话者会根据倾听者的反应来检查自己行为的结果，从而知道自己所说的是否被准确接受和正确理解，然后做出适当的调整，这样会更加有利于倾听者的倾听。

通常情况下，倾听从低到高可以分为五个层次。

(1) 生理的听：对说话者的话充耳不闻，注意力完全不在说话者身上。

(2) 消极被动的听：倾听者并没有注意听，只是在谈话期间发出"嗯嗯"声表示在听，基本上不会重复刚才说话者的话。

(3) 有选择的听：倾听者聚焦于说话者说的某一点而忽视其他部分，感兴趣时会有一些积极的表现，如声音突然放大、语速突然加快，但不持久，经常脱离对话，回到消极状态。

(4) 全神贯注的听：倾听者会始终如一保持积极姿态，或者会经常重复说话者说的内容。

(5) 设身处地的听：倾听者对听到的信息会有连贯的反应，带着一种想理解信息全部意义的强烈意图，会有经常的反馈并伴有提问，其情绪和说话者是一致的。

三、倾听的意义

倾听是一门艺术，属于有效沟通的必要部分。传统印象对倾听有一定的误解，认为只有"说"才是积极的，而"听"是一种消极的行为。实则不然，优秀的倾听其实是一种非常积极的活动，倾听能力是人的文化修养在人际活动中的一种无形显现，作用于人际交往的全过程。松下幸之助曾把自己的全部经营秘诀归结为一句话："首先细心倾听他人的意见。"艾科卡说得更直接："假如你要发动人们为你工作，你就一定要好好听别人讲话。"

（一）建立和谐人际关系的基础

人与人之间都需要沟通、交流、合作和相处，一个人善不善于倾听，不仅体现着他的道德修养水准，而且关系到他能否与他人建立正常和谐的人际关系。

根据马斯洛的需求层次理论，人的内心深处都有一种被他人尊重的渴望，而倾听就是尊重他人的表现。心理学研究表明，许多人愿意通过说话来表现自我，渴望有人倾听自己的讲话。一个聚精会神的听众往往比一个慷慨激昂的演说家更受欢迎，他会使说话者感觉自己很重要。面对好的倾听者，说话人的反应一般是积极的，因为他感受到了被尊重。所以善于倾听别人讲话的人，人际关系一般都较融洽，也较容易受到同伴的欢迎。在人际交往过程中，善于倾听别人的讲话是一种高超的人际沟通艺术，反映出一个人的礼仪修养。积极倾听能激发讲话者和倾听者之间的灵感，使双方积极交流，增进深层次的了解，建立和谐的人际关系。

（二）解决异议的有效方法

人们仔细地听对方讲话是解决异议和问题的最好方法。当双方存在异议时，有可能陷入争辩状态，要想找出问题并解决问题、汲取他人的意见和建议，倾听是一条重要途径。倾听能让人深入了解对方的内心世界，知道他人的所思所想。双方都建立倾听理念，通过倾听更加深入了解彼此的观点，并及时给予反馈，有助于解开双方心结，更高效地解决问题。

倾听是肯定、褒奖对方谈话的一种方式，是接纳对方、理解对方的具体体现。这会促使诉说者消除心理戒备，同时也能让人澄清自己对别人的动机或是顾虑的种种假设。倾听能够为说话者提供说出事实、想法和感情等心里话的机会，同样，耐心地倾听别人的诉说也能让自己进行冷静的思考，在倾听的过程中分辨别人评说的真伪与正误，积极思考自己纠正错误的理由和对策，最终化解人们之间的误解。

（三）获得有用信息的便捷方式

通过倾听，我们可以了解对方要传达的信息，澄清不明之处，获取有用的信息。人们在交谈中有很多有价值的信息，有时，它们常常是说话人一时的灵感，甚至他自己都没有意识到，但对听者来说却有启发。这些信息不认真倾听是抓不住的，所以听比说更重要。注意倾听别人说话，可以获得更多信息，使判断更为准确。所谓"兼听则明，偏听则暗"，就是这样的道理。

四、倾听的障碍

苏格拉底曾说过："自然赋予我们人类两只耳朵、一张嘴，也就是让我们多听少说。"但是要做一个认真的倾听者比想象中难得多，这是因为在沟通时，常常会有一些倾听的障碍，影响了沟通的正常进行。

（一）环境障碍

环境障碍直接影响着倾听。环境影响倾听，一般包含干扰信息传递过程和影响倾听者心境两个方面。第一，干扰信息的传递过程使信息信号产生消减或歪曲，其中嘈杂的环境是引发这一障碍的主要因素。第二，影响倾听者的心境是在主观上影响倾听者的心绪，主要是由于不同场合会给人们带来不同的心理压力、氛围影响以及情绪。

（二）差异障碍

人的文化知识水平和学历的不同，以及生长的环境和性别、爱好等方面的差异，导致每个人早已建立了牢固的心理定式和成见，人们常常习惯性地用潜在的假设对听到的话进行评价。有些人喜欢和自己意见一致的人沟通，偏心于和自己观点相同的人。当沟通双方意见相左时，倾听者很难以冷静、客观的态度接收说话者的信息，更有甚者会产生反感、不信任等抵触情绪。假设倾听者和倾诉者之间有什么异议，这种排斥异议的情况将会大大影响倾听的效果。倾听要取得突破性的效果，必须要打破这些差异障碍的束缚。

（三）情绪障碍

在倾听者情绪不耐烦的情况下，往往不会把对方的意思听懂、听全，而在他人还未说完的情况下就急于表达自己的观点，把自己的观点强加于人。在不好的情绪下倾听，常常是"耳虽到，却听而不闻；眼虽到，却视而不见；心虽到，却荡漾于九霄云外；脑虽到，却神不守舍"，倾听的信息完全未进入或部分未进入倾听者的头脑中。另外，很多人习惯在听人说话时东张西望，双手交叉抱在胸前，跷起二郎腿，甚至用手不停地敲打桌面，这种消极的身体语言也会影响倾听信息的完整性，大大妨碍沟通的质量。

五、倾听能力的培养

倾听能力是由言语语音的感知、辨析、思维等一系列心理过程构成的一种接受信息的能力。积极的倾听不仅需要听者具有良好的听觉能力，还要求听者具备良好的倾听理解能力。

倾听理解能力是在听清楚的基础上进行话语分析、理解,真正听出诉说者所表达的主要意思。伽达默尔在《论倾听》中指出:“倾听与理解是不可分割的,没有理解的纯粹的倾听是不存在的。”这就需要在倾听时思考并正确理解收到信息的真实含义。丘吉尔说:“站起来发言需要勇气,而坐下来倾听,需要的也是勇气。”因为倾听最难的就是如何理解对方要表达的意思,这也是倾听的主要目的。倾听的理解能力不是天生的,需要后天的培养。

(一)全面倾听

听是要求听者听清楚、听明白诉说者话语所传达出来的事实内容。倾听要联系倾诉者所生活的经历、感情、社会环境等,对整个人进行倾听,这样才能得到正确信息。可见倾听是要在听出事实信息的基础上还要用心领悟诉说者话语中的情感因素。听事实信息相对简单,听出情感信息就要复杂些。听出对方的感情色彩要注意听取讲话的内容、听取语调和重音、注意语速的变化,三者结合才能完整地领会谈话者的真义。

另外,在倾听的过程中要注意谈话者的一些潜台词,学会仔细观察,尤其要注意说话者的面部表情、眼神、手势、语调、语速以及保持的距离等,力争发现对方的言外之意。同时还要认真分析思考,以解读当事人的综合信息。

(二)集中注意力

从生理学角度分析,倾听比说话更易引起疲劳,因为它要求脑力的投入,且集中全部注意力。倾听时要边听边思考,是要依托记忆力、想象力、选择力的思维过程。据外国研究发现,一般人们说话的速度是每分钟约 150 个词汇,而倾听的能力则是每分钟可接受约 1000 个词汇,这个差值显然给大脑留出了“神游四方”的时间。因此,为减少因所听内容枯燥无聊而走神的情况发生,倾听者要尽量将听到的抽象语音信息在头脑中转换成视觉形象。避免走神的另一个重要手段就是做笔记,做笔记可以帮助倾听者及时记录有价值的信息,注意整理出一些关键点和细节,以便在对方说完后及时、完整地提问。

同时,在倾听时要避免有分心的举动,比如,看表、心不在焉地翻阅文件、拿着笔乱写乱画等,这些都是没有集中精力倾听的表现,也是对说话人的不尊重。当倾听者发现自己走神后,不要被动地坐在那里错过信息,而是要在道歉之后请对方复述一遍刚才自己没听进去的内容,比如,“不好意思,请再说一遍”或“对不起,你能重复一下吗?”等。

(三)及时回应

为了使沟通更深入,倾听者对某些信息不熟悉或者对讲话者的话感到迷惑时,应该要求讲话者给出解释或阐述更多以更准确地获得信息。如果不及时解决,会导致在后面的倾听中疑问越来越多。

另外,在不打断对方谈话的原则下,倾听者要适时反馈,适当地表达自己的意见,及时、明朗、不含糊地给予认同或肯定。这样可以让对方感受到倾听者始终都在注意地倾听和思考,促使说话人继续表达。

(四)使用非语言

就倾听者而言,表示积极倾听的非言语行为主要包括:使用积极的目光接触、赞许性点头,以及恰当的面部表情。赞许性点头、恰当的面部表情与积极的目光相配合,都能向说话人表明你在认真倾听,都是能够实现有效倾听的非言语信号。与说话人进行积极的目光接触，可以使倾听者集中精力，这也是对说话人的一种鼓励。

第二节　有效的服务倾听概述

案例导入

张先生在上海虹桥机场乘坐7：50的航班飞往成都，在7：25左右，张先生通过身份证验证后进入机场安检区，将随身携带的一个黑色乘客箱和一个中型纸袋放在安检传送带上，并将外衣和贵重物品放入一个塑料筐内，再登上旁边的小圆台进行安检，安检完毕后，他穿上外衣，随即发现纸袋不见了，纸袋内有化妆品及眼镜等随身用品。

张先生马上告诉旁边的安检员，但安检员并未及时处理。因时间关系，在张先生的再三要求下，安检员才开始过问此事，但也没有提醒他报警。当张先生快登机时，安检员才开始查看录像，张先生登机后，安检员告诉他，通过录像发现了拿包的人，等他回到上海后到机场安检处领取。当张先生到达成都后，上海虹桥机场安检员电告其物品无法追回，原因是拿他物品的人所乘坐的航班已经起飞至西安，无法联系，安检员这时才告诉张先生要报警。张先生向机场报警后，机场派出所的警察表示报警太晚，与西安机场派出所联系不上。张先生与上海虹桥机场安检联系，要求提供拿走纸袋人的联系方式，安检说不知道，张先生又提出可通过订座系统查找，安检回答没有这个权利。张先生对机场安检的秩序和安全不满，提出对其丢失物品必须赔偿。

资料来源：杨丽明，池锐宏. 民航服务沟通：理论、案例与实训[M]. 北京：中国人民大学出版社，2018.

问题与思考

（1）该案例中的安检员有哪些服务问题？

（2）张先生告知安检员纸袋不见了的意图是什么？

一、有效倾听的概念

满意的服务来自符合乘客需求的服务供给，优质的服务来自超越乘客期待的服务供给，而乘客的需求和期待信息抵达服务提供方的直接和终极通道唯有倾听。在服务工作中，倾听的主体是民航服务人员，而倾诉的主体是服务对象。正因如此，优质服务始于有效的服务倾听。有效倾听可以定义为：在对话中，把感观、感情和智力的输入综合起来，寻求其含义和理解的智力和感情过程。换成通俗的讲法，“听着”的不仅是耳朵，还应有眼睛、脑和心。有效的服务倾听要求服务者一定要耐心倾听乘客叙说事情，神情专注、认真，中途不要打断对方的说话或插话，以免打断思路，赞同和附和讲话的内容时，要恰当地轻声说“是”“嗯”，或点头表示同意，然后迅速分析出事情的前因后果，有针对性地提出好的建议和解决方法，诚心地为倾诉者排忧解难，这也是每一位民航服务人员必须掌握的工作原则。

二、有效倾听的原则

（一）不要打断对方的话

打断对方讲话是在交谈中普遍存在的问题。如果需要这么做，一定要看对方的反应，但通常这是不利于沟通的做法。打断对方的讲话往往意味着对对方观点的轻视，或表示没有耐心听对方讲话。只有当需要对方就某一点进行澄清时，才可以打断对方。例如，当听到对方做自我介绍时，如果对方的名字听起来很拗口，这时听者可以询问具体是哪个字。为了减少打断别人讲话可能造成的负面影响，最好用“请原谅……”来开始。

（二）不要让自己的思绪偏离

影响倾听有效性的另一个普遍性问题是倾听者的思绪发生偏离。大多数人听话的接收速度通常要比讲话速度快得多，例如，有时一个人一句话还未说完，但听者已经明白他讲话的内容是什么，这就容易导致倾听者在讲者讲话时思绪发生偏离。倾听者不要让自己的思绪偏离，相反，应该利用这些剩余的能力去组织所获取的信息，并力求正确地理解对方讲话的主旨。为达到该目的，必须做到以下两点：一是专注于对方的非语言表达行为，以求增强对其所讲内容的了解，力求领会对方所有预想传达的信息；二是要克制自己，避免思绪涣散。比如，待在一间很热或很冷的房间里或坐在一把令人感觉不舒服的椅子上，这些因素都不应成为分散注意力的因素。即使对方讲话的腔调、举止和习惯有可能转移你的注意力，也应该努力抵制这些因素的干扰，集中听讲，专注于其中的内容，做到这一点甚至比使分散的思绪重新集中起来更困难。从这个意义上讲，听人讲话不是一项简单的工作，它需要很强的自我约束能力。另外，过于情绪化也会导致思绪涣散。例如，在乘客表达疑问时，尽管在这种情况下停止听讲是正常的做法，但是作为服务人员最好能认真地听下去，因为也许会有转机出现。

（三）不要假装注意

民航服务人员在并未真正注意听时，常常会为迎合对方而假装附和，口头上讲一些表示积极应和的话，如“我明白”“真有趣”“是的，是的”等，这些回答如果是真正发自内心的，则可以表明你的确是在认真地听乘客讲话，但如果只是在敷衍，一旦被乘客觉察，他就会立刻对服务人员失去信任。

（四）听话要听音

一些民航服务人员听话很认真，甚至会做记录，但他们往往只注意表面现象，而忽略了大量内在的东西。事实上，在人际交往活动中，几乎所有的沟通都是建立在非语言表达基础之上的，那种忙于做记录的服务人员往往会失去许多重要的信息。将一些关键的话或技术性信息写下来是对的，但注意力更应集中在乘客的语气、语调的表现和话语中的内涵上，而不应集中在孤立的语句上。

（五）要表现出感兴趣

一些民航服务人员过于热衷展示自己的服务技巧，而不能很好地倾听乘客的话，导致服务质量不太令人满意。民航服务人员要认识到乘客讲话的重要性，对乘客的话要表现出强烈地想要听的兴趣，只有这样，才能鼓励乘客表达下去，最终完成一次圆满的服务沟通。

（六）要表明在认真地听

民航服务人员要向乘客表明你在认真地听他讲话，希望他就有关问题进一步澄清，或是希望得到更多的有关信息，这些表现很重要。同时，可以不时地用“嗯”“是的”来表达共鸣。这些做法虽然简单而俗套，但确实可以表明服务人员对乘客的讲话是在认真聆听的，从而能鼓舞乘客继续讲下去。相反，如果服务人员一边听，一边手脚不闲、打哈欠，或用不适宜的声音附和，肯定会使乘客感到服务人员对他的讲话不感兴趣，导致沟通的中断，从而损害与乘客之间的友善关系。

（七）注意回应反馈

为了理解乘客的讲话，服务人员应该将乘客的话进行概括总结后进行回应反馈。这样不仅表明民航服务人员的确在认真地听，而且为乘客提供了一个帮助澄清可能的误解的机会。对于一些不能肯定的地方，服务人员也可以通过直接提问的方式来寻求乘客的澄清。此外，服务人员的回应反馈还有获取信息的作用。

（八）努力理解讲话的真正内涵

在很多情况下，我们并不能真正理解乘客讲话的含义。因此，可以通过以下途径对此进行改进：用自己的话重新表述一下你理解的含义，让乘客检查正误；当不同意乘客的观点但又必须接受其决定时，需要格外认真地听他讲话，经常这样做才会知道自己应该在何时表示质疑为宜；当发现被告知的某些事情会令乘客感到兴奋不已时，要提醒自己是否自己在表达上出现问题而夸大其词，而事实却并非如此；如果对乘客的某些讲话内容感到厌烦，这时要尤其注意，一些很重要的事实可能会被错过，因为你可能只得到部分信息，并不完全理解乘客究竟讲了什么；即使是以前已听过多次的信息，仍然要继续认真地听下去，“温故知新”是不会有错的；只要保持沉默就能学会很多事，听能够比说学到更多东西。

三、有效倾听的意义

卡耐基说：“一对敏感而善解人意的耳朵，比一双会说话的眼睛更讨人喜欢。”对民航服务工作者而言，倾听不仅是一种技巧、一种能力，更是一种态度，是一种综合职业素养的体现，是对服务对象发自内心的尊重。在日常的服务工作中，倾听是很重要的一项技能，有效的倾听能使民航服务人员在面对服务对象时更能理解他们的需要，并能针对服务对象的需要给予帮助。

（一）有效的服务倾听是优质服务的前提

有效的倾听是一种沟通技巧，是沟通过程中的一个重要环节，更是赢得服务对象信任和尊重最行之有效的方法。有很多服务对象仅仅是需要发泄情感的场所和机会，民航服务人员只需要做到倾听他们的情感即可。通过倾听，可以迅速拉近与对方的心理距离，增加亲近感，获得对方的信任。因为专注地倾听别人讲话，表示倾听者对讲话人的看法很重视，这能使对方对你产生信赖和好感，使讲话者形成愉悦、宽容的心理。所谓“兼听则明”，民航服务工作者可以从倾听中全面了解、掌握情况。可见在服务过程中，有效倾听所发挥的作用绝不亚于陈述和提问，良好的倾听技巧可以帮助服务人员解决与乘客沟通过程中的许多分歧问题。

（二）有效的服务倾听是精准服务的向导

有效的倾听帮助民航服务人员准确了解乘客的需求，找到服务工作的方向。在民航服务工作中，服务者绝不能仅仅依靠自己的主观印象和主观判断来进行服务，服务的方向和标准应该是乘客的心声和愿望。优质的服务过程应该是服务者与乘客完成良好互动的过程，而倾听则是启动服务互动过程的钥匙。

有效的服务倾听是对信息进行积极主动搜寻的过程。好的倾听者往往不停地在寻找所说的话的价值和意义。作为对话的双方，民航服务人员的认真倾听会让乘客觉得受到尊重而更加愿意说话给对方听。民航服务人员要通过倾听乘客的倾诉内容，了解其观点，理解其思想和态度，尤其要注意乘客发送的所有信息而不能根据其所表述的最初几个观点就形成评估，以避免争论。比如，民航工作人员在工作中经常面临因客观原因造成的航班延误或取消，但在现实中有些乘客情绪很难克制，将怨气、怒气发泄到服务者身上。这时，作为服务者就一定要冷静倾听乘客的抱怨，更要站在乘客的角度换位思考，充分理解乘客的心情和疑问，然后对集中的矛盾点重复地、真诚地、清楚地进行解释，尽可能使乘客了解航班不正常的原因和事情的进展趋势，以获得乘客的谅解。

总之，有效的服务倾听能更准确地接收和理解乘客发送的需求信息和心理期待信息，有效防止服务者对客户的主观误判，可以提高服务决策科学性，使服务走在正确的方向上。

（三）有效的服务倾听是建立信任的基础

伏尔泰曾说过："通向心灵的大路正是你的耳朵。"有效的服务倾听要求民航服务工作者用心去感受乘客，即从乘客表达的信息中感受到情感温度以及由此产生的与乘客之间的情感共鸣，这是建立双方信任的基础。民航服务人员通过倾听乘客的言行举止，体察其思维方式和内心感受，设身处地地理解乘客，感受客户的情感。如果民航服务工作者能够及时回应，也就是把"共情"反馈给乘客，这会使乘客感到被理解，对舒缓乘客因某些于己不利的服务行为造成的怨愤之情也有很明显的效果。

民航服务人员在倾听时的敏锐观察、积极思索和谨慎应答是获得乘客信任的重要基础。此外，重视倾听到的意见也非常重要。尽管有些意见从各自角度出发，难免有些片面或偏激，但肯定不乏合理和可取之处。基于此，民航服务人员有效倾听的姿态可以使乘客感受到自身的权利得以实施，赋予乘客成就感，并且会重新建立对民航服务人员的信任。

（四）有效的服务倾听是高满意度的保障

在信息急速发展的时代，有效的服务倾听是提高乘客满意度不可或缺的法宝。这是基于一种互动适应理论，互动适应理论认为，交流的双方具有一种互动同步性，人们通常会以同样的态度和行为回报对方。这个理论也可以简单地理解为服务的黄金法则——想要别人怎样对待你，你就怎样对待别人。

当乘客对服务不满意时，就会向民航服务人员反映问题，如果民航服务人员不认真听他们讲话，自然就会引发投诉等后续问题。反之，如果民航服务人员认真倾听，乘客会感受到自己被重视，不良的情绪也有了发泄口。倾听在本质上就是渗透情感的过程，有效的民航服务人员的倾听会对乘客的情感产生触动，乘客能够从民航服务工作者倾听的状态感受到服务者的情感温度，建立民航服务人员与乘客之间的情感共鸣，进而更加激发乘客与服务者交流的愿望。此时，民航服务人员又能基于自身对乘客提供信息的理解、解释、情感反应，做出积极回应行为，调整服务方向和策略，如积极回应乘客的咨询、提供更详尽的服务信息等，这样，乘客自然会得到心理上的极大满足，从而更加信赖民航服务人员的专业能力和职业态度，愿意听从服务者的建议，大大提升乘客对民航服务的满意度。

第三节　有效倾听的策略

案例导入

小王是海南航空公司的一名机场工作人员，乘客张小姐投诉小王在她行李箱丢失的时候不予以帮助。张小姐说："我确定我的行李箱拿上了飞机。"小王说："不可能！如果你拿上飞机了，一定不会找不到！"张小姐说："我已经找遍了，确实没有，难道航空公司就不理不睬吗？"小王说："行李箱属于私人物品，应该由您个人保管，与航空公司无关！"张小姐听后更加气愤！

资料来源：王亚莉．民航服务与沟通[M]．北京：中国人民大学出版社，2020．

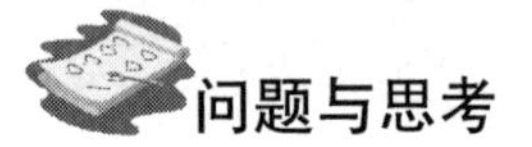

问题与思考

乘务员小王哪些方面做得不对从而激怒了乘客？

在服务工作中，倾听往往比表达更为重要，在倾听时，应该给乘客充分的尊重、情感的关注和积极的回应，力求达到最佳的沟通效果。

有效沟通需要有效的倾听，良好的倾听需要掌握有效的倾听策略。它包括听到、听懂、确认三个层面。仅有"听"的行为，而没有对表达者信息的"确认"，很难保证沟通的有效性，只有确认了、回应了才算完成了整个沟通过程。而要完成这样的沟通过程，就必须讲究倾听策略。美国语言学家保尔·兰金(Paul Rankin)认为，在人们的日常言语活动中，"听"占45%，"说"占30%，"读"占16%，"写"仅占9%。也就是说，在言语活动中，人们有将近一半的时间是在听。所以，倾听是一门需要不断修炼的艺术。

一、确立正确的倾听理念

倾听者必须端正心态，要从内在真正认识到倾听的重要性。倾听者要从肯定对方的立场去倾听，同时，还要给对方以及时的、合适的反应。

(一) 态度真诚

面对乘客，民航服务工作者应该专心致志、认真地听取乘客对问题的陈述，让乘客确信他的观点是民航服务人员最关心的，以此表现出对乘客的尊重。民航服务人员在服务沟通的过程中，既要保持以真诚的态度与乘客进行沟通，也要专注地倾听服务对象的表达，使服务对象能够真实地感受到被接纳、被尊重，从而增强对民航服务工作者的认同。

(二) 设身处地

在乘客准备倾诉之前，民航服务人员尽量不要对所要谈论的事情本身下定论，否则会

带着“有色眼镜”，容易出现偏差进而不能设身处地从乘客的角度看待问题。民航服务工作者要尽量站在乘客的角度思考问题，这样才能更好地理解乘客的想法，赢得乘客的信任，从而尽快找到合适的解决方法。

（三）鼓励倾诉

在沟通交流时，民航服务人员可以依据具体情况，鼓励服务对象进行适度倾诉或情感宣泄。在沟通服务中，民航服务人员常常对乘客的观点不以为然。事实上，只要耐心倾听，就会发现有用或重要信息。有效的服务倾听应该充分尊重乘客的倾诉，并设法从中找到能接受、同意和欣赏的地方，用心发现乘客表述内容中有价值的部分，并适时加以肯定。这可以激励乘客与民航服务人员展开更深入的交流，服务者也可以从中获取更重要的信息。由于每个服务对象的性格、情感表达方式各不相同，民航服务工作者在鼓励服务对象进行情感宣泄或倾诉的过程中要注意控制次数，尤其是当乘客情绪波动较大或表达欲望较强时，应该可以有意识地降低频率以避免服务对象情绪失控而影响服务的顺利进行。

二、重视语言对话

语言是人类表达思想的工具。一个人可以通过语言窥测别人的心理世界。通过语言把握对方思想的脉搏，是获得有效沟通的关键。民航服务人员要懂得聆听乘客的语言，从而了解其内心世界的真实想法及目的以解决问题。

（一）抓住重点

抓住对方谈话的重点是积极倾听的一项基本功。大脑接收和理解词汇的速度快于组织语言的速度，听者完全可以一边倾听一边回味对方的话，将其中的重点整理出来，以便更准确地把握对方的观点和意图。要抓住关键信息，既要排除外界干扰，也不要受到对方说话方式的干扰，更要排除与主题无关的信息干扰，集中精力留意对方话语中对关键信息的提示。

（二）偶尔成为谈话的主动参与者

倾听者以开放的方式询问所听到的问题，会增进彼此的交流和理解。可以说，提问既是对说话者的鼓励，表明你在认真倾听，又是控制和引导谈话话题的重要途径。但需要注意的是，提问必须适时和适度，不要询问过多的问题，一次最好问一个问题，否则会造成对方思考的困扰或中断。而且问题必须是开放性的，如“有什么”“怎么样”，而不是“是什么”“是不是”。

（三）适当沉默

沉默是倾听者必须学习的技巧。在倾听的过程中，要忘掉自己的立场、见解，保持沉默，让对方把话说完。

（四）学会复述

复述是指用自己的话来重新表达说话者所说的内容。复述对方说过的话既表示对说话者的尊重，又表示能够用对方的观点说出自己的想法。这样，倾听者不仅能够赢得说话者的信任，而且能够找到沟通语言，从而拉近彼此的距离。当复述他人的意思时，用字必须尽量精简，避免使用冗长的陈述，不然会阻碍说话者的思路。除了简要地重复对方的内容外，也必须反映对方的情感。有效的倾听者常常使用“我听你说的是”“你是不是这个意思”“就像你刚才所说"等语言。

三、巧用非语言信息

部分民航工作者在服务的过程中,将主要精力放在收集和聆听服务对象的语言信息上,往往忽视了非语言信息,不可否认,收集语言信息是服务的主要工作内容,但服务对象通过肢体语言、表情所传达的信息同样重要。任何口头沟通都包含非言语信息。美国的心理学家阿尔伯特·梅拉比安经过大量观察和科学研究得出,信息总效果中,有55%的信息来自面部表情和身体姿态,38%来自语调,而仅有7%来自词汇。民航服务工作者也应意识到,乘客所表达出来的语言信息与非语言信息是互为补充的。可见,口头信息与非言语信息协调一致,会彼此强化。要理解、明白乘客话语的真实含义还须学会察言观色。倾听时总是伴随着观察、辨别、判断、选择,要能听出讲者的言外之意、弦外之音,这就需要有较强的辨别能力。由于声音信息与体态信息稍纵即逝,听者要听懂说话者的话语内容,就必须迅速、准确地捕捉要点、理出头绪、做出判断。讲话者可以借助副语言改变语言的表面意思,因此倾听者要将讲话者的副语言信息和当时的语境结合起来仔细分析,以保证准确理解对方的弦外之音。

服务人员要留意观察乘客的肢体动作、面部表情及情绪状态。如躯体行为,包括姿势、躯体移动和手势等;面部表情,包括微笑、皱眉、扬眉、撇嘴等;与嗓音相关的行为,包括语气、音调、嗓门大小、强弱、抑扬顿挫、语词间隙、强调、停顿、沉默、流畅等;生理反应,包括呼吸急促、脸红、苍白、瞳孔扩张等;身体特征,包括健康状态、身高、体重、面色等;总体的外表,包括修饰、衣着等。这些行为表现既有共性又有个性。提升倾听能力,要做一个有心人,怀着一种平等的心态,保持高度的敏感性,捕捉所有信息,促成有效沟通。服务人员在倾听时既要听清表面意思,也要领会表达者话语之外的真实看法、意图、需要、愿望等弦外之音。

(一) 辨识重音

重音是指说话时句子里某些词语念得比较重的现象。重音具有区别词意的作用,读重读轻表达的意思不一样。一般来说,重音可分为三种:语法重音、逻辑重音、感情重音。区分三种不同的重音,尤其要关注感情重音。感情重音是指为了表示某种特殊的感情和强调某种特殊意义而故意说得重一些的音,目的在于引起听者注意强调的某个部分。在什么地方用重音并没有固定的规律,而是受说话的环境、内容和感情支配。同一句话,重音不同,表达的意思也不同。

重音具有区别词意的作用。重音可增强语言的表现力,甚至起到画龙点睛的作用,给人留下深刻的印象。要正确解读重音的表达意思就要根据说话的场景,事件的前因后果,感情等诸多因素来判断。要提升倾听能力首先要学会辨识重音,并从中捕捉必要的信息。不会辨别重音,就不能做到准确理解当事人的言语信息。值得注意的是,有时重音不一定重,放轻也起了强调的作用。

一句话如果没有表示强调的重音,就不太可能包含隐藏信息,如果对某个或某些词着重强调,则可以表达很多话外的意思。

(二) 语速和语调

语速和语调可以反映讲话者的深层心理。例如,讲话者对某人心怀不满,提到此人时,他的语速会变得迟缓,语调稍给人木讷感;讲话者感到愧疚或说谎时,语速就会比平时快,

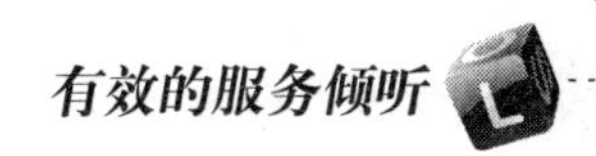

且声音更高、更尖；讨论问题时，如果讲话者突然提高语调，即表示他想压倒对方，让对方听从自己；心怀某种不便言明的企图时，讲话者常常会一直看着对方，有意用抑扬顿挫的语调，以引起对方的注意。

（三）眼神的交流

眼神上的交流可以增进人际关系，民航服务工作者在倾听乘客表达的过程中，要与乘客进行适度的目光交流，如恰当的微笑、赞许的表情、积极的目光或伴以“嗯”“对”等的词语，促使乘客说下去，向乘客表明服务人员在认真倾听。这些都能让乘客感受到倾听者的支持和信任。不过目光接触要适当，且频率不能过高或过低。目光交流过于高频，乘客可能产生不适感或紧张感，不利于乘客表露自己的情绪；目光交流过于低频，乘客潜意识中会认为服务人员并没有认真聆听，没有真正接纳自己，低频的目光接触还可能会拉大乘客与服务人员间的心理距离，使得沟通服务的效果受到影响。

（四）身体姿态

人们的身体语言不像语言那样经过理性的过滤而容易作伪，因此流露的往往是真实信息。听者可以借助对说者身体语言的捕捉，获知其真实的情感和意图。沟通中，善于捕捉、解读对方的身体语言信息，就可以正确理解对方的弦外之音。

接纳性的身体语言包括放松的身体姿势、稳定的目光接触、真诚的面部表情以及频频点头并发出声音进行回应。采用接纳的身体语言是为了明确地向对方释放“我对你和你所说的话非常感兴趣，你说什么我都能理解和接受”这样的信号，从而对讲话者有莫大的激励，让其心态更放松、思维更活跃。

民航服务工作者在倾听别人说话时，必须保持放松而灵敏的身体姿态，并伴以适当的肢体动作，对乘客的讲话作出积极的反应。比如，身体适当前倾、与乘客交流目光、适当点头或做一些手势。恰当的肢体语言，如用手托着下巴等，也会显示出倾听者的诚恳态度，也可以用皱眉、不惑等表情给讲话人提供准确的反馈信息，以利于说话者及时调整。

四、注意避免作批判性评价

民航工作者在倾听乘客表达的过程中，要避免对乘客的相关表述作批判性评价。也要尽量避免先入为主、刻板印象、妄加标签，避免做出不成熟的判断或评价。首先，倾听的目的在于收集信息，而不是评价乘客行为的优劣。其次，在倾听的过程中对乘客的相关表述作批判性的评价，会影响乘客的表达，使其产生不良情绪。

第四节　服务倾听的过程和注意事项

重要的态度

在一次航班中，一位值机主任不为乘客着想，表现出一副爱理不理的样子。乘客们当然火大，开始发飙。这位值机主任下班后，把烂摊子扔给了接班的人，接班的值机主任态度完全不一样，摆事实、讲道理，认真听取乘客的抱怨，安排餐食饮料，乘客们的情绪渐渐平息了。

资料来源：王亚莉.民航服务与沟通[M].北京：中国人民大学出版社，2020.

问题与思考

在民航服务过程中，服务人员在倾听乘客时应该注意什么？

一、服务倾听的过程

民航服务工作者掌握有效的服务倾听过程有助于真正达到沟通目的。在服务沟通中，要把握好以下环节。

（一）准备倾听，发出倾听信号

在民航服务中，要想实现与乘客良好的沟通，民航服务人员就必须重视乘客，保持良好的精神状态，做好积极倾听的准备。如心理准备、身体准备、态度准备、情绪准备等。在交谈前，要停止手中的工作，关掉手机、表情放松、注视对方，用平和的心态专注地倾听对方讲话。恐慌的心理、疲惫的身体、黯然的神态、消极的情绪等都可能使倾听归于失败。

在乘客讲话前，民航服务人员要目光专注地注视着对方。当对方讲话时，应保持目光接触，表情要放松，并在倾听过程中不时地点头，表示对乘客所说内容的接受，示意让乘客完整地把话说完。

（二）积极配合对方

在倾听过程中，不要轻易地打断乘客的讲话。如果在倾听过程中没有听清楚、没有理解，或是想得到更多的信息，希望对方继续说明其他问题的时候，应当在适当的情况下礼貌地打断。这样做，一方面会使乘客感受到你的确在听他的讲话，另一方面有利于有效地进行沟通。在倾听时，不耐烦、左顾右盼、东摇西晃、发出响声等举动都会影响乘客的表达。还要避免似听非听，假装附和而实际却思想游离，并未真正注意倾听的行为。

（三）接收和理解信息

民航服务人员在倾听过程中要明确与乘客沟通的目的，听完整、听明白对方的话语，要仔细分辨对方谈话的语气、语速、语调及表情的变化，理解对方的真正意图。同时，将对方的谈话内容进行思维重组，转换为自己理解的意思，特别是有分歧的问题，不要急于争辩，先冷静分析、思考，站在对方的角度，理解对方。

倾听中，要总结归纳乘客主要阐明的观点，分析其思想用意，梳理要提出的关键问题。在民航工作人员表明自己的观点前，可以复述乘客的内容，讲清自己对乘客谈话的理解，求得乘客确认正误，避免自己的理解发生偏差。

（四）适时适度地提问

双方相互交流才能达到沟通的目的。听完乘客的讲话，民航服务人员要做出一些反应。可以提出问题、建议、意见或看法，最好要适时适度的提问。适时，就是要等乘客讲完；适度就是不要一下提出太多的问题，或一个问题反复纠缠不清。还要注意提问的语气，尽量保持平和，一般情况下，不能把提问变成质问。特别是当双方的看法和认识出现分歧时，民航服务工作者要学会控制自己的情绪，放松心情，尽量抑制冲动，避免矛盾冲突。

（五）及时反馈

在乘客表明了自己的观点后，民航服务人员也要把自己的意思向乘客表明。有异议要及时提出，双方协商解决。倾听还包括行为的维度，即服务者基于自身对乘客发送信息的理解、解释、情感反应做出的回应行为，如致歉与安慰、经济补偿、更换商品、给予赠品等。2018年4月17日，美国西南航空发生客机发动机爆炸事件，公司董事长凯利向机上乘客致函道歉，信中写道："我们非常珍视您作为我们的乘客，希望将来您要出游时，会愿意再给西南航空一次服务机会，重拾您对我们的信心。有鉴于此，倘若您有任何的财务需要，我们随信附上一张面额5000美元的支票。为了表达我们的真心诚意，我们也另外通过电子邮件为您送上1000美元的旅游礼券，以供日后旅行使用。而我们最主要的关切重点以及承诺，则是尽一切所能为您提供协助。"仅仅说"请提出宝贵意见"无法赢得乘客的信任，一个好的服务倾听者，要真正为乘客着想，敢于承担责任，勇于承担过失，尽快对乘客作出回应。立刻解决问题，能够处理复杂问题，这是回应能力至关重要的部分。实实在在解决乘客的问题，正是服务的出发点和落脚点。

二、服务倾听的注意事项

有效的倾听可以使沟通更和谐，促进沟通目的的实现。然而民航服务工作者在倾听过程中如果受到自身主观原因的影响，则会干扰沟通中信息的传达、双方思想的交流。

（一）常犯错误

1. 发言过多

在民航服务工作中，服务人员本应该多倾听乘客的想法和意图，但是有的服务人员却一直滔滔不绝，这会抑制乘客表达想法，从而使民航服务人员错过一些重要的信息。

2. 消极的肢体语言

如果我们看到听自己讲话的人东张西望、双手交叉抱在胸前、跷二郎腿，我们倾向于认为对方对自己的谈话不感兴趣，觉得自己没有受到尊重，我们也就不愿再说下去。因此，消极的肢体语言会大大影响沟通者的心情和沟通的质量。

3. 过于关注细节

有效的倾听者并不是关注谈话者所讲的全部内容，而是集中精力听主要的观点和依据。如果过分地关注每一个细节，则会错过沟通中的重要观点，甚至把事实弄错。

4. 以"貌"取人

这里的"貌"指的是一个人的外表和讲话的方式。有些服务人员因乘客的外表或口音而产生抵触或厌倦的情绪，结果完全忽视了谈话的内容。

5. 对谈话的内容漠不关心

有些民航服务人员只听内容，忽略感觉，还会无故打断对方的谈话。

（二）服务倾听的禁忌

1. 自以为是，妄下断语

有的民航服务人员看似在听，实际上并没有认真倾听，对乘客的观点不经考虑，仅凭借个人的主观臆断，轻易、随便地作出判断，给出结论。

2. 忙忙碌碌，注意力分散

尽管每位民航服务人员都会说自己愿意倾听乘客的诉说，但其身体语言往往透露出来一些信息，说明他们并不是那么重视乘客，并不是那么真心投入地在倾听。

3. 以自我为中心

倾听的首要前提是开放性，即一个人愿意听他人说的话。如果听者缺乏开放性，则很难排除既有感知、信念、观点的影响，往往对所听到的内容进行选择性注意，并且不管对方说了什么都把它分配到自身预先设定的类目中去理解。

综合练习

案例分析

值机员张某正在开放柜台为要客办理行李托运手续，此时一名乘客来到柜台，没有排队，直接问张某："是这里办理手续吗？"张某问他去往哪里，该乘客说是去兰州。当时只有HU7653一架航班是飞往兰州的，起飞时间为12：50，已经截止办理乘机手续了。但张某并没有意识到这是晚到乘客，对乘客说："您稍等一会。"张某办理完要客行李托运后，立即询问配载是否可以加上该乘客，配载回答来不及，已经加不上了。此时时间为12：34。张某告诉乘客飞机已停止登机，并指引乘客到售票处办理退票改签手续。

乘客到售票处得知需收退票费后感到不满，又找回值机柜台。张某将主任叫到值机柜台，协调后免收退票费，乘客才离开。

资料来源：焦巧，梁冬林. 民航服务沟通技巧[M]. 重庆：重庆大学出版社，2019.

问题与思考

在该案例中，张某服务的不当之处有哪些？应该采取什么样的改进措施？

拓展训练

一、思考讨论

1. 航班取消，你负责告知在候机的某位乘客。在此情境下，你需要掌握哪些表达与询问、倾听与反馈的技巧？

______

______

______

2. 作为服务人员，面对一些乘客的故意找茬，应如何进行有效的沟通？

______

______

______

二、情景模拟

根据以上两个情景，分小组模拟乘务员和不同的乘客，注意运用沟通技巧。

课外阅读

晏子使楚

（西汉）刘向

晏子使楚。以晏子短，楚人为小门於大门之侧而延晏子。晏子不入，曰："使狗国者，从狗门入；今臣使楚，不当从此门入。"傧者更道，从大门入。

见楚王。王曰："齐无人耶？"晏子对曰："齐之临淄三百闾，张袂成阴，挥汗成雨，比肩继踵而在，何为无人？"王曰："然则子何为使乎？"晏子对曰："齐命使，各有所主，其贤者使使贤主，不肖者使使不肖主。婴最不肖，故宜使楚矣。"

晏子将使楚。楚王闻之，谓左右曰："晏婴，齐之习辞者也。今方来，吾欲辱之，何以也？"左右对曰："为其来也，臣请缚一人，过王而行，王曰：'何为者也？'对曰：'齐人也。'王曰：'何坐？'曰：'坐盗。'"

晏子至，楚王赐晏子酒。酒酣，吏二缚一人诣王，王曰："缚者曷为者也？"对曰："齐人也，坐盗。"王视晏子曰："齐人固善盗乎？"晏子避席对曰："婴闻之，橘生淮南则为橘，生于淮北则为枳，叶徒相似，其实味不同。所以然者何？水土异也。今民生长于齐不盗，入楚则盗，得无楚之水土使民善盗耶？"

王笑曰："圣人非所与熙也，寡人反取病焉。"

资料来源：罗新璋.古文大略(修订本)[M].上海：复旦大学出版社，2012.

文章提示：本篇是战国时期的一篇散文。此文讲述了齐国大夫晏婴出使楚国，楚王三次侮辱晏婴，而晏婴巧妙回击，维护了自己和国家尊严的故事。

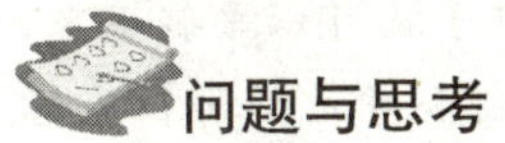

问题与思考

晏婴在与楚王语言交锋时，使用了哪些有效的沟通技巧？

第三章
有效的服务表达

学习目标

(1) 了解语言表达能力在民航服务工作中的重要性。
(2) 理解民航服务人员应具备的语言表达能力。
(3) 掌握有效的服务表达方式。
(4) 依据所学内容灵活运用有效表达的技巧。

第一节　口语表达要求

案例导入

有位乘务员在客航巡视时,观察到一排座位坐着一家三口,旁边还有一位乘客,那个婴儿已经熟睡在母亲怀里。乘务员想如果把坐在旁边的那个乘客调开,孩子就可以平躺下来,这样不仅孩子能休息得更好,母亲也不用那么劳累。于是乘务员走上前和旁边的那位乘客客气地商量:"先生,您看,这位母亲抱着孩子太辛苦了,今天航班中还有空座位,我帮您调换一下,可以吗?"没想到这个建议竟然被乘客断然拒绝:"我只喜欢坐自己的座位。"乘务员愕然,心想怎么遇到这样不知道体谅别人的乘客,却没有想到问题是出现在自己的沟通语言技巧上。同样的场景,另一个乘务员却是这样说的:"先生,您旁边的这位母亲抱着孩子,你们坐得都比较挤,今天航班中不家空座位,我帮您调换一下,您可能会更舒服些,您愿意吗?"这位乘客不仅欣然同意,还称赞该乘务员想得周到,那位母亲也很感激并向乘务员致谢。

资料来源:安萍.民航服务沟通技巧[M].北京:清华大学出版社,2017.

问题与思考

两位乘务员在面对同样的问题时,展现出不同的客舱服务。请试分析后者口语表达技巧和优胜之处。

口语是人与人之间沟通最直接的表达方式,口语表达能力是用口头语言完成交流的一种能力,它是一个人的逻辑思维能力和语言组织表达能力的体现。对服务工作者,尤其是民

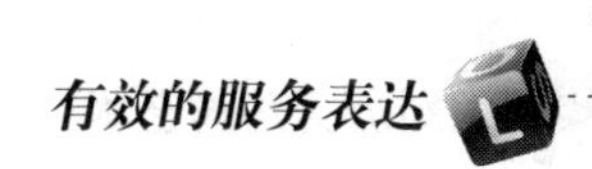

航服务人员口语表达的基本要求是：音调标准自然，吐字清晰，语速适中，表达生动、形象，能让乘客愉悦地接受。

一、语音规范，语意准确

在民航服务中，民航工作人员扮演着很重要的角色。除了仪表端庄、仪容整洁、态度和蔼、主动热情等这些基本的服务要求之外，服务工作人员还要注意运用清楚准确的语言，把自己的意思准确地表达出来，让别人准确地理解和反馈。

乘客们来自四面八方，这就要求民航服务工作人员讲普通话，杜绝讲方言。因为方言的交流范围较窄，会妨碍广泛的人际交流。口语表达能力的培养需要以普通话为基础，而普通话的训练主要借助口头练习的形式，以提高语音规范程度、语言表达能力等，所以，为了避免说错字音，民航服务人员可以充分自觉地进行普通话的练习。民航服务人员在向乘客传递信息时，必须把每一个音节说准确，把每一个句子说清楚，让乘客一听就明白。这就需要民航服务人员在跟乘客对话时做到语音准确、吐字清晰、停连得当、轻重相宜、升降明显和节奏匀称。

二、语感敏捷，反应自如

语感就是语言感应能力——当一连串的话语通过听觉传入大脑时，能够迅速而准确地理解其意义和情味；当某种思想产生于大脑，能敏捷地用恰当的词语把它表达出来，即人对语言的感知和反应能力。

民航服务工作者在与乘客交流时，不可能总是斟酌每一个字词，主要还是凭借语言的直觉和敏感能力，非常快速地理解乘客想要表达的意思。为此，民航服务工作者应从以下三个方面去练习。

（1）丰富自己的词汇——话语是词语的汇集，没有丰富的词汇，就不会有丰富的话语，更谈不上敏捷自如地感应，所以丰富自己的词汇就显得十分重要。首先，要通过读书看报、观看影视戏剧、收听广播、参加讲座、与人交谈等方式来收集和获得丰富多彩的词汇；其次，要弄清每个词的形、音、义，随时存储，随时使用。

（2）辨析词的特点——词汇的海洋辽阔无比，尤其是现代汉语中的近义词数量庞大，有些词看起来没有什么差别，但细细品味就会发现它们的用处大不相同。

（3）正确进行语言编码——语言编码要遵守语法规则。一是要按词或词组的排列顺序正确编码；二是要避免出现语病；三是要正确使用虚词。

三、用词贴切，言辞谦虚

民航服务人员跟乘客沟通，目的是要告诉乘客某种意思或者传达某种信息，因此只有用词准确贴切，才能达到正确传递信息的目的。假如用词不当，产生歧义，那么别人就可能听不明白，继而产生误解，造成交流的障碍。因此，民航服务工作者首先要有认真用词、词必达意的意识。如果认识不到恰当用词对表达思想的重要性，那么就不可能时时严格要求自己，也就不可能实现贴切恰当用词的效果。其次，语句要通顺且不能误用词语，否则会影响表达的意思。尤其要注意用词的意味和感情色彩要相符，并且，要尊重约定俗成的使用方法，不能乱造词语。

受民航服务工作性质的影响，服务人员在用词准确的前提下，还要注意言辞的谨慎和谦虚。乘客来自五湖四海，假如服务人员在与乘客打交道时的话语、语气，甚至手势、表情都使乘客感到该服务人员不专业、不谦虚，甚至不尊重乘客，那服务效果可想而知。因此，民航服务工作人员要牢记：在与乘客沟通时，谦虚谨慎的言辞是最容易被乘客接受的。这就要求服务工作者要有虚怀若谷的胸襟、和蔼可亲的态度和诚实谨慎的心态。

四、主题明确，中心突出

主题是指说话者所表达的明确意图或中心思想，它集中体现出说话人对所反映的对象的主观认识、理解和评价。主题是言谈的中心，它在谈话中起主导和决定作用。人们衡量一个人说话质量的高低、价值的大小、作用的强弱，主要看主题如何。

民航服务工作人员话语中选择的材料、详略的安排、次序的先后，乃至遣词造句都要服从于主题。在民航服务语言中，话语主题明确包括两个方面：一是民航服务人员要理解乘客所讲内容的主题。如果乘客方言太浓或者声音太小，服务人员没听清楚或不能理解时，一定要及时请乘客解释一下，这样才能真正理解乘客的心思和目的。只有这样才能做到有的放矢，不会出现盲目服务的情况。二是民航服务人员要明确表达自己讲话的主题。民航工作人员在与乘客交谈时，发音要清晰，语速要适中，语调要适当，并要突出主题，让乘客一听就明白。民航服务人员在跟乘客沟通时要做到心里有底、胸中有数，这样才能紧扣话题，明确表达意思的聚焦点，突出中心。

民航服务工作人员应该加强语言修养，提高语言表达技巧和能力，讲好服务语言，用礼貌、热情、规范的服务语言体现其服务水平。

第二节　语言表达能力

在连云港飞往上海的航班上，座位号为11D的一名乘客问正在巡视客舱的男乘务员："现在飞到哪儿了？"乘务员回答："我也不知道。"乘客听后对乘务员的回答非常不满，于是张口说："你是……是……啥饭的！"乘务员因为没听清，就回头问了一下，乘客当时正看着窗户外面，因此没有理会乘务员，于是，乘务员就拉了一下乘客的袖子，继续询问乘客："先生您刚才说什么，有什么事吗？"于是乘客就说："你是白干这工作的？"乘务员听后有些生气，没有很好地控制情绪与乘客发生了争执。最后，该乘客要填写意见卡投诉乘务员，虽然乘务长努力调节，但乘客仍表示不接受道歉。

资料来源：王亚莉. 民航服务与沟通[M]. 北京：中国人民大学出版社，2020.

该案例中的乘务员在与乘客沟通时，出现了哪些表达错误？

民航服务人员不仅仅需要"听"他人的需求，同时也要学会表达自己。遇到较为固执的乘客，如在起飞时不愿意关闭电子设备的乘客，民航服务人员要表达自己坚定的立场，请乘客配合工作，因为这会影响飞机上所有乘客的安全。碰到较为不礼貌的乘客时，民航服务人员也有权利捍卫自己的尊严与人权，表达自己的观点。但是，毕竟民航服务人员是服务工作者，所以，在表达自己的观点时，需要斟酌词句，表现出自己的礼貌与友善。但如果遇到不讲理的乘客，民航服务人员需要捍卫自己的尊严时，也要表现得不卑不亢，虽然礼貌但也表现出坚决的态度。

一、语言表达能力概述

语言表达能力就是借助语言进行表达的能力。这种能力必须是以语言为基础的。那么，语言也是什么呢？从人类语言的本源来看，语言是人类最重要的交际工具，是人们进行沟通的主要表达方式。人们借助语言保存和传递人类文明的成果，语言也是民族的重要特征之一。一般来说，各个民族都有自己的语言。

《现代汉语词典》对“表达”的解释是“表示（思想、感情）”。从语义学的角度来看，“表”是指毛向内皮制上衣，引申为“外面”，与里相对。“达”指“行不相遇”，是一种道路通畅、没有阻滞的状态，后也指到达期望之所。由此看来，“表达”实际上包含着两层含义：一是将内部的思想、情感外化为符号信息，使其成为能够被感知的对象；二是将外化的信息传递给特定的接受者，并为接受者理解。从日常交流来看，人的内心世界如果不表现出来，就无法为人了解和洞悉。仅仅是表现出来，但词不达意，不能被特定的对象理解，也无法完成沟通。因此，可以将“表达”理解为将思想、感情外化为信息，传达给特定对象并使之被理解的过程。

由此可知，语言表达能力就是以语言作为表现和传递内部思想、情感的载体的能力，包括以口头语言为载体的口语表达能力和以文字为载体的书面语言表达能力，这是人们沟通交流中最常用、最普遍的表达能力。

二、语言表达能力的重要性

语言表达能力是一切服务的基础。作为一种交流工具，语言在人与人之间的沟通中起到至关重要的作用。一位优秀的民航服务人员要不仅能够听得懂乘客的基本要求，正确地回答乘客的问题，还能熟练地运用乘客能够理解的语言与其进行沟通交流，完成服务过程。因此，良好的语言服务能够获得更好的服务效果，反之亦然。

民航运输舒适、安全、快捷的基本特点是人们选择航空运输的重要原因，而机上服务是民航运输的一个重要组成部分。民航工作者作为服务性的职业，职业目标是向乘客提供良好的服务。如果民航服务人员能够将个人看法准确、有效地表达出来，不但能够为乘客提供更好的服务，还能够帮助航空公司树立良好的形象。提升民航服务人员的语言沟通能力，有利于应对一些乘客故意刁难的问题，通过与乘客沟通，降低这种情况发生的概率。所以，提高民航服务人员的沟通能力是提高乘客满意度的一种效果较为明显的方式，在提高乘客满意度的同时，还能在整体上提升民航服务人员的业务水平，对航空公司的整体形象起到积极的影响效果。

总而言之，民航工作者在服务过程中要具有前瞻性的语言服务意识，要主动与乘客进行沟通，主动了解乘客的需求，提高民航服务质量。

三、民航服务语言表达能力

（一）规范的普通话交际能力

面对来自不同地区、不同民族、具有不同文化层次背景的乘客，如何与他们进行有效的交流与沟通，进而满足他们不同的需求？这在客观上要求民航服务工作人员具备标准的普通话表达能力。有效沟通与表达的基础是清晰、流畅的语言表达，标准的普通话表达已经成为胜任民航服务工作的必备技能，而不是可有可无的职业能力。"工作语言应使用普通话"已经成为民航服务业对服务工作者的基本要求。

民航服务工作过程是民航服务人员用普通话与人进行沟通交流的双向活动。乘客对民航服务质量的要求越发趋向多元化与个性化，民航服务人员的口语表达要情感真挚、语气亲切温柔，使用职业规范语言且发音标准，并且要根据乘客的疑问做出有针对性的回答，因此，服务人员的普通话交际能力要符合如下要求：首先，提高民航服务工作者口语交际中语音发音的准确性，普通话发音要准确、吐字要清晰，语调、语速、节奏要和谐优美，具有良好的普通话交际水平并符合民航职业形象；其次，熟练掌握运用普通话与乘客进行沟通的口语交际技能，语言表达要尽可能贴近民航职业语言规范。

（二）快速的语言组织能力

民航服务工作的性质要求服务人员要与乘客进行直接交流。民航从业者每天要服务许多乘客，他们既要面对乘客各种各样的疑问，又要为乘客解决问题。在服务过程中，民航服务人员没有很多时间进行思考，因此他们要在短时间内说出有逻辑、有条理的话，并能清楚地、快速灵活地将信息传递给服务的乘客。基于此，民航服务工作者要具备快速组织语言的能力。

（三）敏锐的信息理解能力

在民航服务过程中，工作人员面对的是具有不同文化背景、不同年龄、不同个性特征的乘客，他们会提出多种多样的需求。这就要求民航服务人员具有敏锐的信息理解能力，快速理解乘客提出的要求，并且能听出言外之意，同时根据乘客的需求准确迅速地给出满意的回复，做到相互理解，达到提高民航服务质量的目的。

（四）灵活的语言应变能力

不同服务对象的年龄、国籍、文化背景等都有很大的差异，因此，他们对服务质量的追求也越来越趋向个性化和多元化。这就要求工作人员的语言服务体现出针对性和灵活性。例如，一位新客人进入客舱时，民航服务人员一般要进行主动询问"先生/女士您好，请问您的座位是……"，但如果是一位常客，民航服务人员就应该说"王先生，您好……"。虽然仅仅加了一个姓氏，却能带给乘客亲切的感受，让乘客有"格外被尊重"的感觉，大大提高了民航服务质量，为航空公司树立了良好的品牌形象。

（五）良好的心理素质能力

刘伯奎先生在《青年口才训练系统》中提到："心理素质是否良好，决定了人们的口才能否在需要的时候得到应有的体现。"民航服务工作者要具备较好的心理素质，在服务过程中做到讲话时不怯场、不紧张，工作时有条不紊，沟通交流时落落大方，尤其能够在面对要求苛刻的服务对象、重要场所、关键时刻、突发事件时镇定自若、应付自如。比如，民航从业人员常常会遇到各种各样的投诉，如果经受不住乘客语言上的刺激而产生冲动行为，就会给工作带来许多麻烦，严重时还可能因此失去工作。这就要求民航服务工作者要具备良好的心理素质和抗压能力。

（六）实用的书面语言能力

民航工作者既要培养口头语言表达能力，也要重视书面语言表达能力，即文字写作能力。民航服务人员在工作中需要填写各类记录表格，这就要求其文字表达要有逻辑、有条理，尤其还要善于总结归纳，比如，能够迅速记录乘客的需求并加工整合重要信息，提高自己的综合职业能力，在激烈的竞争中占有一席之地。

第三节　民航服务语言

案例导入

刻板的服务

近日，完成工作后的我们从昆明乘机返回北京，伴随飞机滑行的晃动，我很快进入了甜甜的梦乡，醒来后，飞行已经飞了近一小时的航程。看着邻座同事地饮料，我本能地看向前方，没有发现乘务员的“温馨提示”卡，我心里想，可能他们太忙，也不太希望被睡醒的乘客打扰吧，于是我克制住口干舌燥的情绪，选择等待，等待他们来到我身边时，再要一杯“甘甜可口”的热水解渴。

终于等来了发餐服务，我接过机上餐食，本能地寻找那杯小小的、密封的水果汁，但老天爷就喜欢开玩笑，越盼望、越失望，找不到果汁的我快速呼唤了乘务员，乘务员一边关闭呼唤铃，一边回应我：“我们送完餐再给你水好吗？”“好的”，我愉快地回答。

半小时过去了，一小时过去了，送几个航班的餐食都该送完了，我还是等不到那杯解渴的水……看着剩下多半难以下咽的餐食，我忍受着喉咙肿痛的压力，想再次呼唤“水”的滋润，意外发现乘务员开始送饮料了，我忙不迭地看向乘务员，像见到救星一样幸福，可我心目中的救星没有搭理我，按部就班地进行着工作程序，我随口说了一句：“美女，您答应给我的水呢？”美女冷冷地回答：“忘了。”贵人多忘事，美女忘记一些不重要的事情很正常，只要现在给我一杯热水也就可以了。

想到飞机落地后“超长”的滑行时间，为了避免落地后排队如厕的尴尬，我在飞机降落前半小时起身准备前往机上卫生间。没有想到，另一个“奇迹”发生了，乘客们在客舱过道上排着长队等待如厕，我的目光越过队伍用力看向后舱卫生间的指示灯，发现都是“绿色。”怎么回事？难道如厕的乘客没有锁门？我再收回目光，看到长队前面是一辆水车，乘务员依然不顾排队如厕乘客的需求，按部就班地发放饮料。我终于忍不住了，越过队伍来到乘务员身边，善意地提醒：“美女，你们是不是让大家先过去，然后你们再服务好吗？”美女看着我不容质疑的目光，只好把水车先推到后舱，给如厕的乘客留出通道。

资料来源：陈淑君. 话说案例——用心是真情服务的基础[R/OL]. http://att.caacnews.com.cn/zkzj/

C/csj/201903/t20190328_387.html.(2019-03-15)[2021-02-03].

问题与思考

(1)该案例中民航人员的服务,从语言层面上说有哪些问题?

(2)在民航提倡“真情服务”的今天,我们应该如何为乘客提供高满意度的服务?

一、服务语言

近年来,语言服务受到人们越来越多的关注,人们对语言服务的要求也越来越高。语言服务效能由语言服务的工具效能和语言服务的经济效能两个方面构成。在现代社会,语言不仅能创造社会效益与精神价值,也会带来巨大的经济效益。就服务行业而言,其从业人员的语言表达就是一种语言服务。通过服务客体而服务自身,表达效果直接影响到自身的形象和经济效益。因而,服务行业人员须重视语言服务效果,研究服务语言的表达技巧。

在民航业中,民航服务语言是指民航工作人员与乘客之间为了相互沟通、交流情感和解决各种问题而使用的一种媒介和工具。民航服务语言是民航业的专业语言,有别于人们日常的交际语言,民航服务语言是一种工作用语,其语言对象是特定的乘客。

民航服务语言由有声语言和无声语言两部分构成。有声语言由字、词和句子等有声信息来传递感知。在民航服务中,服务人员要灵活地运用词句,清晰明了地结合每位乘客的语言特点来确定自己表达的内容和方式,要具有针对性。同时,要注意与乘客说话的节奏,语速应符合语境,语调的变化能使语言具有韵律感,避免语言的单调与乏味,突出词语的生动活泼性。无声语言是人的身体语言,它包括仪容仪表、面部表情、姿态动作等,在民航服务中起到十分重要的传递信息、渲染气氛和表达感情的作用。民航工作人员仪容美观大方、表情友好亲切、姿态有礼得体都会在与乘客交流中体现其文化素养,而且能使有声语言更加生动形象。

二、民航服务语言的特点

(一)职业性

民航服务语言是典型的职业语言,语言的主题由与民航相关的职业词语构成,有着明确的服务目的,民航服务人员不能如日常交际那样与乘客漫无边际地闲聊,也不允许在服务工作中谈与职业无关的话题。

(二)准确性

民航服务人员在与乘客沟通时,通过言语提供的信息量要恰到好处,不能主观随意增减以尽可能确保准确无误地向服务对象传达所需信息,并且确保所运用词语的规范准确、通俗易懂。

(三)文明性

民航服务语言要文雅有礼貌,言行举止要温和有礼、谦虚恭敬。我国对服务行业的质量标准中明确规定,在对客服务中,不得使用土语、俚语和粗语,要用请示建议或劝说式的敬语或谦语。民航服务人员要仪表端庄、举止大方、文明优雅,不得使用否定语、命令语、斗气语和烦躁语,同时不得打听乘客履历、收入、财产和婚姻状况等个人隐私问题,不得评论乘客的

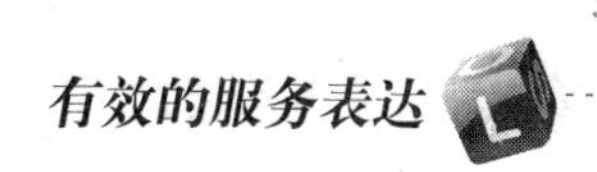

相貌、衣饰等。

（四）真诚性

民航服务语言要能被特定对象接受与理解，因此，民航服务人员要替乘客着想，了解乘客目的，知道乘客需求，让乘客感到信任和关怀，用亲切的语言和关爱的态度对待乘客，让乘客感受到一流的服务，从而对航空公司留下良好印象。

（五）规范性与灵活性

规范性要求对民航业内各个部门、工种、岗位以及各个级别的员工所用的服务语言做出基本规范，避免语言表达的随意性，形成具有民航业特点的服务语言。同时民航服务人员还需要根据乘客的不同特点、情境与需求机智灵活地运用“模式化语言”，这是服务语言的真正需求。

（六）目的性

民航服务语言是民航服务行业从业人员在服务工作过程中使用的语言，是一种工作用语，由于这种工作语言的对象是特定的乘客，因此有别于人们日常的交际语言。民航服务工作的性质要求工作语言必须有明确的服务目的，因此语言活动具有很强的目的性。

三、服务语言的价值

（一）经济价值

在民航服务中，服务人员的服务语言、仪容仪表、面部表情、姿态动作等都向乘客传递着航空公司的服务质量。真挚且专业的服务语言能激发乘客的消费需求，创造航空公司的经济价值，增强航空公司的竞争力。

（二）社会价值

民航服务语言不应仅起到语言信息传递的作用，还应引起乘客的“愉悦”和“互动”，协调服务人员与乘客之间的关系。文雅规范的民航服务语言能使乘客获得心理上的愉悦，消除疑虑，缩短彼此的距离。优雅的体态语言不仅表现了民航服务人员的精神面貌与仪表美，还使乘客在视觉上有美的享受；运用生动的面部表情和眼神变化，能够展示民航服务人员的热情、诚恳、亲切、耐心，使乘客有一种情感的享受，体会到尊重与信任，从而由创造和谐气氛达到思想和审美的共鸣。

（三）文化价值

民航服务语言是民航文化的载体，不仅是民航业发展的文化传承与文化创新，也体现了民航的组织文化及其服务理念，同时彰显了一个国家或民族的人文素养与传统文化。民航的服务模式是服务业的标杆，民航服务语言的语言模式也应成为其他服务行业的语言典范。

四、民航服务语言的控制表达

民航服务语言的服务目的性特征决定了从业人员的工作语言表达过程必须受到严格控制。这种控制表达的过程是紧紧围绕服务工作的目的进行的，而控制表达的结果传递出为工作对象服务的特定信息。民航服务语言的控制力主要来自以下两个方面。

（一）外部的语言规范

民航业通常通过制定规范化的语言标准并要求民航从业人员在工作中严格执行这些标准，来控制服务人员的服务语言。民航服务语言的规范化和标准化是对从业人员工作用语的基本要求，是外部控制力施行的结果。对民航从业者而言，工作语言规范化的施行更多地带有被动性特征。而根据不同的场合、不同的服务对象和不同的工作性质主动进行自我语言控制，灵活选择合适的词语、语调语速、表情、体态和动作来传达服务信息以获得满意的服务效果，则是更高层面的语言服务，可以说是对民航服务语言进行艺术性的控制。

（二）个人的语言控制

个人的语言控制是指民航服务工作者对自己的言语进行内在的控制，这种控制更多地具有主动性特征。这种控制力水平的高低取决于民航工作服务人员在以下几个方面的个人状况。

（1）对工作角色的正确理解。民航服务人员对工作角色关系的正确理解是良好控制服务语言的心理基础。在日常生活中，交际双方通常是以“高姿态”“低姿态”和“平姿态”三种关系方式进行交际，交际者具体选择哪一种关系方式与对方进行言语交流，取决于交际者给自己的社会角色定位以及对双方社会角色关系的理解。而在实际的民航服务工作中，在客我交际的过程中，民航服务人员给自己的社会角色定位，以及对客我双方角色关系的不同理解，同样会影响选择用不同的关系方式来对待服务对象，进而影响对语言自我控制的结果。这就要求民航服务人员在工作中正确理解工作角色关系，并适应服务工作角色，控制自己采用“低姿态”或“平姿态”方式同服务对象进行语言交流。

在这里，有两种对服务工作角色关系的理解不利于服务语言的自我调控。一是错误地把服务工作角色理解为比服务对象“低人一等”(即服务从业人员的人格低人一等)。这种认识往往使得民航服务人员难以自觉地控制自己用“低姿态”方式同“客人”进行交流，会导致服务工作中的服务语言缺乏真诚，使服务语言停留在被动规范语言控制层次。适应工作角色，就是要求正确理解“心理角色关系”，认识到服务者与被服务者之间在社会角色关系中合理的“不平等”并非人格的不平等，能够主动以“低姿态”方式自然使用服务语言，营造温馨的服务氛围，有效地促进与乘客全方位的沟通和交流，达到更好地满足乘客需求的工作目的。二是对自己的工作角色有“高人一等”的角色理解，即在与乘客进行语言交流时采取“高姿态”的语言服务。如果服务人员能够正确理解角色关系，就能够有意识地选择“低姿态”或“平姿态”的关系形式，恰当进行语言自我控制。

（2）对工作情绪的自我控制。语言表达自我控制的效果受个人情感情绪的影响很大，过于兴奋或者过于不兴奋的极端情绪都必然导致语言失控。人们的情绪反应通常来自环境的刺激，比如，乘客脱口而出的反对观点、有意无意地语言冲撞、恶意的语言发泄，或者民航服务人员在工作环境之外的不顺经历等都容易导致其在服务工作时产生忧郁、焦虑或者愤怒的情绪。伴随这些情绪自然流露的言语必然是失控的。工作情绪自我控制就是要求民航服务人员能够自觉调节自己的情绪，使之处于理想发挥服务语言的工作状态。通过这种自觉的调节，消除来自环境的各种负面刺激，使情感情绪状态与所处的工作场合和所担当的服务角色相符合，以利于服务语言目的性的完美发挥。一般来说，民航服务工作语言要求服务人员在与乘客沟通中，情绪处于稳定状态。

服务工作实践中，民航服务人员应当形成如下习惯意识：合理的工作情绪状态控制应当是把明快、愉快的情绪作为工作情绪的基调，不利于服务语言正常发挥的失控情绪必须加强自我控制予以排除。

（3）对言语技巧的自如控制。熟练掌握与民航服务工作密切相关的言语技巧是临场自主控制、自如运用服务语言的前提条件。言语技巧的控制主要涉及以下几个方面。第一，对语音、语速的控制。语音控制指的是民航服务工作者在进行服务工作时需要控制音量的大小，而语速控制指服务人员在说话时需要控制节奏的快慢。服务人员在与乘客说话时，只有根据具体语境控制好说话的音量和语速，才能达到既不干扰乘客，又让乘客获得比较清晰的信息的目的，只有满足乘客的信息需求和情感需求才不会产生误解，从而减少投诉的发生。第二，要熟悉民航服务语言的专业词汇和常用专业话语。民航服务语言是非常典型的职业语言，它的词汇主体多由职业语词和常用专业话语构成。第三，要灵活掌握和运用幽默、委婉等语言技巧。幽默和委婉这两种语言技巧在服务交际中作用重要、运用广泛，在特定情境下有特殊的工作效果。幽默语言可以缓和紧张气氛、增添情趣、愉悦心情。委婉语言常常是在不便直说的情况下，用迂回曲折的方式去影响、暗示对方的一种语言表达形式。它不仅可以避免因针锋相对而造成的交际双方矛盾激化，而且可以使气氛缓和、问题得到迅速解决。比如，在服务出现缺陷，乘客因情绪激动而投诉时，民航服务工作者运用委婉语能够达到有效的沟通。各种言语技巧的临场控制效果，依赖于民航服务人员平时的语言技巧修炼和经验的积累。

（4）对“察言观色”的得体调控。现代修辞学认为，语言运用的最高原则是得体。所谓得体，是指运用的语言要切合语言对象、切合语言环境。把“得体”原则具体运用到民航服务工作领域，就是要求民航服务人员学会观察乘客和服务环境以便对服务语言进行恰如其分的调控，以达到在不同条件下满足乘客服务需求的工作目标。比如，由于乘客来自不同的国家、民族，风俗习惯各不相同，所受的教育程度、年龄、个性等也不尽相同，因而乘客的服务需求必然存在个体差异。这就要求民航工作人员要做好乘客的分类工作，并掌握各类乘客的基本服务需求规律。这项工作有利于民航工作人员尽快找准乘客的需求类别特征，使服务语言能够及时进入“得体”状态。另外，民航工作者还要培养观察乘客个体差异的能力，从而能够准确辨识乘客的特定服务需要，以控制服务语言的针对性，满足乘客的心理需求。比如，在飞行过程中，乘客有特殊需求又难于启齿时，如果民航服务人员能够通过观察乘客的行为表情解读出乘客隐性的服务需求，以既照顾乘客的“面子”又满足乘客需要的委婉方式进行语言沟通，无疑会大大提高乘客的满意程度。

第四节　有效表达的技巧

在一次上海至珠海的航班上，乘务长将经济舱的一名乘客请到前服务台。因为这位乘客身上洒满了咖啡，而且嘴里不停地抱怨着：“你们乘务员太不小心了，洒了我一身咖啡，幸好我穿的多没烫着。我的衣服很贵的，你们怎么赔？”乘务员把乘务长拉到一边说：“是后舱乘务员送水时，他自己邻座的乘客没端稳咖啡，洒了他一身，要我们妥善处理。”随后，乘务长请该乘客在前服务台就座，查验衣服后，拿出湿纸巾轻轻擦拭，又把湿了的鞋子放在通风口处吹干，再垫上小毛巾做鞋垫。乘客有些感动了，但又问道：“我没有袜子穿怎么办？我晚上还要去××呢？光着脚穿鞋很难受呀！”乘务长灵机一动，把自己的备份丝袜拿出来，用剪刀剪出了一双短袜。乘客笑了：“我还是第一次穿这种袜子，但总比光脚舒服多了。”乘务长也顺势打趣道：“您看，进水、进财，您这是好兆头，这次去××肯定会有好的收获！”乘客一听大喜，“那我还要谢谢那位乘务员呢！我没事了，谢谢你们！”即便如此，乘务长仍然十分委婉地请旅客留下了联系方式，写下相关证明，以备进一步处理。

资料来源：育路.客舱服务危机公关处置心得[R/OL]. http://http://kongcheng.yuloo.com/kongcheng/zhuanye/1407/1282619.shtml.[2020-03-17].

问题与思考

乘务长用了什么样的表达技术巧妙地消除了旅客的投诉意向？

一、表达技巧的概念

表达技巧是指通过语言或者非语言的方式向服务对象传递相关信息的方法技巧。表达技巧主要分为内容表达和情绪表达。内容表达指咨询时传递信息、提出意见等，情绪表达指咨询时服务对象通过语言或非语言信息来表达自己的情绪、情感活动状况。其中，内容表达常用于专业助人者传递信息、提出建议和给予反馈。

案例 3-1

一名乘客搭乘杭州飞往北京的航班，登机后希望乘务员能协助调换一下座位，乘务员直接拒绝说：“请您自己找一下。”当乘客看到头等舱还有空位，希望付费升舱，再次向乘务员咨询，乘务员又直接拒绝说：“不好意思。”乘务员既未解释，也未协助处理，而是转身走开，不予理睬。

资料来源：金通.客舱典型案例分析[R/OL]. https://mp.weixin.qq.com/s/BkFydrqUUmIcJShSwRsGDQ.[2020-03-22].

案例启示：从案例中可以看出，语言表达能力和技巧对民航服务工作者来说是十分重要的。该乘务员对于乘客的需求直言拒绝，既没有考虑到乘客的感受，而且态度也欠佳。对于付费升舱的回答，该乘务员在业务技能上有缺失，也没有及时与乘务长沟通该如何处理。

民航业属于服务行业，现代服务业的核心是“以人为本”，“人”在民航服务工作中主要体现为乘客。随着我国民航事业飞速发展，为了适应航空企业发展和我国航空服务事业的发展，对民航服务类专业人员提出了更高的要求，同时也对民航服务人员的自身素养与服务质量提出了更高的要求。为了提高服务的质量，首先要求服务人员有良好的语言交流能力。良好的语言交流是提供优质服务质量的基础，提高服务人员的语言表达能力就是要求他们能与乘客进行有效沟通，解决乘客遇到的问题，使乘客在旅途中享受美好的服务。所以只有当民航服务人员不断提高语言表达能力，才能进行有效的沟通并提供良好的服务，从而提高

整体的民航服务质量，使民航业实现长远发展。

二、有效表达的原则与方法

（一）KISS 原则

KISS 原则（Keep it simple and short.）是说话要简单明了，开门见山，不要绕弯子。

（二）SOFTEN 原则

SOFTEN 原则（有关非语言方面的原则）。

S——微笑（smile）。很多人在认真听他人讲话时，会忽略自己的表情，忘记微笑。微笑能够表达自己的友好，并无言地告诉对方，你从心底喜欢这样的交流。

O——注意聆听的姿态（open posture）。随时处于聆听的姿态能够给对方极好的暗示。暗示他人你已经准备好了听他讲话，并且关注他的每一个观点和看法。聆听的姿态往往表现为面对讲话人站直或者端坐。站立时全身要稳，不要显得懒散，也不要交叉双臂抱在身前。

F——身体前倾（forward lean）。在交谈中，要不时地将身体前倾，以此表示你专心在听。

T——音调（tone）。声音的高低、语速、音量、声调都会对谈话的效果产生重要影响。

E——目光交流（eye communication）。在沟通的过程中，要有目光交流。因为目光交流是沟通过程中必要的非语言因素。

N——点头（nod）。偶尔向对方点头，不只表示你的赞同，还说明你认真地听了他的讲话。

在与乘客沟通中，民航服务工作人员要切记只谈行为而不谈个性，因为谈个性容易导致人身攻击；要讲事实而不是判断，因为判断应该建立在事实的基础之上，应通过一系列事实说明问题所在，而不是一开始就给乘客否定的结论等。首先，要注意坦白表达自己的真实感受，这是双方沟通的基础，也容易引起对方的共鸣。其次，要多提建议，少提主张，有调查表明，提出建议时，对方认可的可能性有 42%，反对的可能性有 18%；但提出一个主张，被对方认可的可能性只有 25%，反对的可能性有 39%。再者，把“你”“你们”变成“我”“我们”，可以使沟通双方更贴近，还要尝试将“应该”变成“可能”。另外，要让对方理解自己所表达的含义，要遵循简洁原则，使用乘客能够理解的语言，及时了解乘客的理解程度。

三、有效表达的技巧概述

在交际活动中，语言是促进人际关系和谐的有效手段。作为交往的主体，民航服务人员要重视与服务对象的情感交流，用词上力求礼貌谦和，以保证双方愉快友善地合作。

（一）灵活运用有声语言技巧

1. 注重用词，传递情感

（1）善用称呼语。称呼语代表人与人之间的一种社会关系。人们在接触和交流之初，总是先道称呼语，再进入主题。没有称呼或就直接开口说话，往往被视作缺乏修养的不礼貌行为。有的服务人员不注重语言的表达，用“嗯”“喂”等词语来招呼乘客，自然会引起乘客的强烈不满。汉语中的称呼语很多，服务人员要与乘客建立良好的关系，必须学会尊重乘客，恰当使用称呼语。应看清对象，使用不同的称呼语。例如，应视男女、长幼、亲疏之不同，采用不同的称呼语。

同时还要注意灵活变通。随着社会的发展，有些称呼语的意思发生了变化，如“小姐”“同志”等都有了另类的含义，一些乘客对被称作“小姐”“同志”不满。因此，服务人员应注意避免这类称呼语，尽可能选用那些乐于被人接受的称呼语，像“先生”“女士”等，或直接用“您”来称呼。我国地域辽阔，不同地方使用的称呼语有所不同，服务人员可根据具体情况选用乘客愿意接受的称呼语。另外，与乘客第一次见面时，可称其为“先生”“女士”；当已经知道对方的姓氏时，便应直接以“张先生”“李女士”等称呼，这能使乘客体会到被人尊重的感觉。

称呼语是服务语言中相当重要的部分，是良好交际的开端。称呼语选用不当，会给交际带来负面影响，从而失去乘客，令企业形象和经济效益受损。

（2）巧用委婉语。委婉语是一种特殊的表达方式，它是有意采用表意含蓄的词语去代替那些生硬、敏感、让人难以接受的词语。在与乘客打交道时，民航服务人员难免会遇到不能或不便直接说出的话，这时采用委婉含蓄的词语，便能消除或淡化沟通中产生的不愉快，让乘客在比较舒坦轻松的氛围中接受信息、解决问题。话语委婉、礼貌、得体，迎合了乘客的心理需求，凸显出乘客的地位和利益，能给乘客带来积极愉悦的精神感受。中国有五千年的历史，被世人称作“文明古国，礼仪之邦”，汉语中表达礼貌的词语丰富多彩，有问候语、致谢语、道歉语等。民航服务人员如能熟练掌握好这些语词，就可以避免许多误会和摩擦，营造出和谐、温馨的交际氛围。

案例 3-2

由于航空管制，某航班上的乘客已经在闷热的客舱里待了很长时间。这时，坐在紧急出口旁的一名男性年轻乘客突然按响呼唤铃，把乘务员叫过去，并大声嚷道：“再不起飞，我就把这个门打开，从这里跳下去了。”当时在场的乘务员恰好是个正处在带飞阶段的男学员，他很郑重地告知乘客紧急门的重要性并强调此门绝对不能打开。当他正对乘客说教时，教员赶到身边了，轻轻拍拍他说：“麻烦你先去给这位先生倒杯冰水吧，这个门的重要性，这位大哥可清楚了，因为他坐飞机的次数可能比你飞行的次数还要多得多是吧，大哥？”“大姐，您可别这样叫我，我应该比您小。”教员迅速找到突破口，微微一笑，“你以为我想这样叫你呀，可我没有办法啊，因为如果你把这个门打开，我面临的就是丢掉工作，像我这个年龄再找工作，你知道有多难吗？所以为了不失业，我必须得叫你大哥。大哥，就请帮我一个忙把这个门看管好，可以吗？”周围乘客听了都哈哈大笑起来，小伙子也有些不好意思了，再经过一番对话和交流，当学员送水过来时，听到的竟是小伙子拍着胸脯在说：“大姐，您放心，我在，门就在；即使我不在，门一定还在！”

资料来源：陈淑君，栾笑天. 民航服务、沟通与危机管理[M]. 重庆：重庆大学出版社，2017.

案例启示：幽默的语言可以缓解紧张的气氛，拉近服务人员与乘客的关系。服务人员应根据不同的服务情境，选取合适的服务语言，灵活运用幽默等语言技巧。

2. 讲究句式，凸显礼貌

民航服务人员待人接物应注重文明礼貌，讲究言语的表达技巧。除了在词语选用上要加以注意外，在句式的选用上，也要有所讲究。语句使用不当，有时容易激怒乘客，造成不良的后果。具体来说，民航服务人员在句式的使用上要注意以下几点。

(1) 忌用反问句。反问句又叫反诘句，是疑问句的一种“变体”。反问句的特点是无疑而问，说话人心中已有答案，故意用疑问句发问，不要求对方回答，答案就在问句中。日常生活中，反问句一般用于反驳、质问等场合，带有明显的不满、讽刺、责难的语气。例如，当乘客向空乘服务人员询问机上商品价格时，空乘人员本应耐心细致给予解答，可有的乘务员不注意语言表达，随口说出：“那上面不是标得很清楚吗?”这一句话可能就中止了一次选购。反问句蕴涵着不满和对立的情绪，自然会使乘客内心不舒服，很容易造成交际双方的对立冲突。因此，民航服务人员应忌用反问句。

(2) 慎用否定句。否定句是用以传达否定信息的句子。相对肯定句而言，否定句使用不当就会让对方失望，甚至可能惹怒对方。为了表达对乘客的尊重，民航服务人员应尽量避免消极否定，尽量“正面地”“肯定地”谈问题，不简单拒绝。例如，乘客在机上购物时往往希望商品能便宜些，当问及能否打折时，如果服务人员直接使用“不行，我们的商品一律不打折”或者“这不是折扣店，不打折”这种拒绝方式，显然过于直白、生硬，又有些傲慢无礼，容易刺激顾客，令其反感。服务人员若说“对不起，这是当季商品，我们只能按正价销售，再等几个月商品可能才有折扣”，则既表达了民航服务人员的诚意，也容易被理解和接受，弱化了双方的对立关系，给乘客的感觉要积极友好得多。服务语言表达技巧之重要性可见一斑。在表达拒绝对方的信息时，为顾及乘客的情感、愿望，采用转折句式也是一种很好的语言表达技巧。

(3) 善用祈使句。祈使句是一种带有建议、请求、命令等功能的句子。表请求意味的祈使句一般语气缓和、语调下降，而像“快点”这类命令式的祈使句则语气生硬，很不友好。为表达对乘客的尊重与礼貌，民航服务人员宜多用表请求意味的祈使句，尽量不使用催逼、命令式的祈使句。例如，在日常生活中，我们常听服务人员说“请往这边走!”“先生，请坐!”“路滑，请注意脚下!”，这些句子都带有明显的请求意味，语调舒缓得体，语气热情友好，能够反映出服务人员对乘客的尊重及请求的意愿，话语易为乘客认同和接受，自然会收到良好的服务效果。

(4) 巧用疑问句。疑问句是用以表达疑惑、征询意见的句子。在表述自身观点或向对方提建议时，采用语气委婉客气的疑问句，往往能体现出服务人员的良好素养，收到更好的服务效果。例如，“先生，出示一下您的机票。”和“先生，请让我看一下您的机票好吗?”或“先生，我能看一下您的机票吗?”前者直白、生硬，后者将可能威胁到对方面子和感受的生硬的言语行为隐藏在提问中，话语更具商讨性。问句的形式为乘客留有很大的回旋余地，把主动权更多地交给乘客，这样乘客会更愿意接受。汉语中的疑问句有不同的类别，要提高服务水平，民航服务人员还应注意分析乘客的心理需求，采用恰当的提问方式。

从应用上来看，服务语言覆盖应用语言学的各个领域，不同之处在于以服务作为一个独立的观察点，可以更加清晰地观察、审视和分析语言的工具属性与经济属性。就民航业而言，从语言服务角度来认识和看待服务语言，更能使民航服务人员充分意识到服务语言应用的重要性，从而积极学习服务语言的表达技巧，提高服务水平，为社会提供更好的服务，为自己创造更大的业绩。

在民航服务中,服务人员根据每位乘客的不同特点以及不同的服务情境,要有针对性地选择服务语言,灵活运用礼貌、模糊、委婉、幽默等语言技巧。礼貌用语在民航服务中是相当必要的,“您好,欢迎登机”“您这边走”“祝您用餐愉快”等语句充分展示出对乘客的尊重,听起来也让人身心愉悦。与精确语言相比,模糊语言具有更大的概括性和灵活性。在交际过程中使用模糊语言不但显得语气委婉,同时又能达到自身的交际目的。“据说、可能、恐怕、尽快、或许”等模糊用语在民航服务中能够缓和交流气氛,缩小服务人员与乘客之间的距离,尽显服务的周到与贴心。委婉语多用在服务人员与乘客的意见不统一时,服务人员应尽量避免直白、快人快语的说话习惯。使用“您是否介意……? 请您……好吗?”等征询请求的语句,会给乘客处理问题的缓冲时间。幽默语言是一种机智、风趣、诙谐并借助比喻、夸张、象征、反语等多种修辞手法的语言表达形式,它可以缓和紧张气氛、愉悦心情,这种诙谐的语气会让乘客感觉服务更亲切。服务工作者在与乘客交流时,还要灵活掌握语速、语调,抑扬顿挫的语调通常表现出说话者情感情绪的起伏变化,在交谈或者讲解的过程中,也要高潮与低潮兼顾。在服务中是否得当使用语速语调,直接影响着乘客的感受和心情。当服务人员遭遇脾气急躁、出言不逊的乘客时,要用平静温和的语气、不徐不疾的语速和乘客沟通,问题的尖锐度会由此得以缓和,问题也会得到解决。

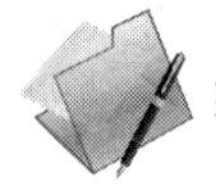

案例 3-3

乘务员在客舱巡视时,观察到一排座位坐着一家三口,那个婴儿已经熟睡在母亲的怀抱里,旁边还有另一位乘客。乘务员想,如果把坐在旁边的那位乘客调开,孩子就可以平躺下来,这样不仅孩子能休息好,母亲也不用那么劳累了。于是乘务员走上前,跟旁边的那位乘客客气地协商:“先生,您看,这位母亲抱着孩子太辛苦了,今天航班中还有空座位,我帮您调换一下,可以吗?”没想到这个建议竟然被乘客断然拒绝:“我只喜欢坐自己的座位上。”乘务员愕然,悻悻地想:“怎么遇到这样不知道体谅别人的乘客啊,真自私。”

同样的场景,另一名乘务员却是这样说的:“先生,旁边这位母亲抱着孩子,你们坐得都比较挤,今天航班中还有空座位,我帮您调换一下,您可能会休息得更好些,您愿意吗?”这位乘客不假思索地答应了。

资料来源:杨丽明,池锐宏.民航服务沟通——理论、案例与实训[M].北京:中国人民大学出版社,2018.

案例启示:在民航服务中,民航服务人员要注重表达技巧,尤其是根据服务情境和服务对象选择合适的表达方法。有效的服务表达能够更快、更高效地解决服务中出现的问题。

民航工作人员服务乘客的过程就是相互交流的过程。在飞机上相对狭小的空间中,民航服务人员的一言一行都会对乘客的乘机感受造成或好或坏的影响。因此,为了保证旅途的舒适和安全,有效的有声语言交流就显得尤为重要。这就需要不断地对民航服务人员进行有声语言的训练,培养他们的语言表达能力和沟通技巧,并在与乘客的实际对话中转变为个人的基本业务能力。经济的发展带动了包括我国民用航空业在内的一些产业的飞速发展,以经济和科技水平的飞速发展作为底色的民用航空业近年来达到了井喷发展时期,极大地促进了国民出行的快捷性和服务感受。在这样的客观条件下,民航服务人员要不断提升

自身的业务水平和服务质量，要以良好的语言沟通能力和服务态度建立起与乘客之间的桥梁。在为乘客提供优质服务的同时，服务人员要充分结合科学化服务沟通的技巧，在最大程度上达到为乘客提供满意的航空服务的目标。

（二）巧妙运用无声语言技巧

民航服务人员要有专业化的仪容仪表，服饰要整洁合体，美观大方；体态微前倾，保持谦逊有礼，要给乘客以端庄、成熟、稳健的视觉印象。其次，要善于运用面部表情，微笑能使乘客觉得亲切、放松，消除乘客的陌生紧张感。

民航服务人员还要善于运用眼神交流。一般来讲，民航服务人员的眼神应温和清澈、自然大方。服务过程中要注意眼神交流的技巧，不能直视时间过长，每次面部停留的时间为3秒到5秒，注意目光分配，要关注到在场的每位乘客。同时，要妙用手势语。民航服务人员在于乘客交流时，双手置于胸前，可以给乘客以真诚、发自肺腑的感觉，可以增强有声语言的可信度与感染力。交流时避免手位过高、过低，或置于身后，易给人浮夸、不诚实之感。

四、使用表达技巧的注意事项

（一）注意表达时的音量、语速和语气

民航服务人员在服务中运用表达技巧，应当着重注意表达时的语气、声音强度及语速。首先，从语气的选择来看，柔和的语气状态适用于诸多场景，更适合在服务中使用。其次，从音量的选择来看，当服务的乘客患有听力下降等疾病时，服务人员可以适当加大音量，正常情况下，将音量控制在乘客可以清晰听到的程度即可。最后，民航服务人员要注意采用合适的语速，语速过快会给乘客带来急迫感，而语速过慢会让乘客产生厌烦情绪。这里需要注意的是，当乘客语速过快时，民航服务人员可以尝试将自己的语速调慢，从而帮助服务对象调节语速。

（二）注意抑制自我情绪

民航服务人员在服务的过程中，要注意控制自我情绪、摒弃刻板印象。一方面，要避免在尚未全面了解乘客的问题前给出解决方案；另一方面，要通过更有效地倾听乘客表达的内容，为后续给乘客提供更有价值的服务奠定基础。

综合练习

案例分析

在某延误航班上，乘务长在即将到达目的地之际，去向一位精英会员致谢，同时征求其乘机感受和意见，这位乘客当天有重要的事情要处理，无奈被拖延了，所以比较生气地说了这么一句话：“没办法啊，谁让这条航线只有你们公司在飞，你们是唯一的选择。”面对乘客的抱怨，乘务长却微笑说：“唯一在汉语里有‘最好’的意思，所以您唯一的选择也是最好的选择啊，而且从您的选择中，我们看到了您做事的专注，这一点真值得我向您学习，在此，也请允许我代表公司感谢您始终如一的选择……”

资料来源：焦巧，梁冬林. 民航服务沟通技巧[M]. 重庆：重庆大学出版社，2019.

问题与思考

请分析上面案例中乘务长的表达技巧。

拓展训练

假如你是一名值机工作人员，此时一名乘客匆匆赶到柜台前办理值机手续，但由于系统关闭，你无法为他办理登机牌。他原计划乘坐该航班参加下午的一个重要会议，但目前没有赶上飞机，因此他情绪非常激动。请结合所学内容，谈谈你将如何跟他沟通，做好他的思想工作，并安抚他激动的情绪。

课外阅读

陈　情　表

（三国）李密

臣密言：臣以险衅，夙遭闵凶。生孩六月，慈父见背；行年四岁，舅夺母志。祖母刘愍臣孤弱，躬亲抚养。臣少多疾病，九岁不行，零丁孤苦，至于成立。既无伯叔，终鲜兄弟，门衰祚薄，晚有儿息。外无期功强近之亲，内无应门五尺之僮，茕茕孑立，形影相吊。而刘夙婴疾病，常在床蓐，臣侍汤药，未曾废离。

逮奉圣朝，沐浴清化。前太守臣逵察臣孝廉，后刺史臣荣举臣秀才。臣以供养无主，辞不赴命。诏书特下，拜臣郎中，寻蒙国恩，除臣洗马。猥以微贱，当侍东宫，非臣陨首所能上报。臣具以表闻，辞不就职。诏书切峻，责臣逋慢。郡县逼迫，催臣上道；州司临门，急于星火。臣欲奉诏奔驰，则刘病日笃；欲苟顺私情，则告诉不许：臣之进退，实为狼狈。

伏惟圣朝以孝治天下，凡在故老，犹蒙矜育，况臣孤苦，特为尤甚。且臣少仕伪朝，历职郎署，本图宦达，不矜名节。今臣亡国贱俘，至微至陋，过蒙拔擢，宠命优渥，岂敢盘桓，有所希冀。但以刘日薄西山，气息奄奄，人命危浅，朝不虑夕。臣无祖母，无以至今日；祖母无臣，无以终余年。母、孙二人，更相为命，是以区区不能废远。

臣密今年四十有四，祖母今年九十有六，是臣尽节于陛下之日长，报养刘之日短也。乌鸟私情，愿乞终养。臣之辛苦，非独蜀之人士及二州牧伯所见明知，皇天后土实所共鉴。愿陛下矜愍愚诚，听臣微志，庶刘侥幸，保卒余年。臣生当陨首，死当结草。臣不胜犬马怖惧之情，谨拜表以闻。

资料来源：张启成，徐达，译注. 文选[M]. 北京：中华书局，2019.

文章提示：本篇是三国时期文学家李密写给晋武帝的奏章。文章从自己幼年的不幸遭遇写起，说明自己与祖母相依为命的特殊感情，叙述祖母抚育自己的大恩，以及自己应该报养祖母的大义；除了感谢朝廷的知遇之恩以外，又倾诉自己不能从命的苦衷，辞意恳切，真情流露，语言简洁，委婉畅达。

问题与思考

李密是如何拒绝身份、地位尊贵的晋武帝，辞不就职的？根据所学内容试着分析李密的表达技巧。

第四章 地勤服务的沟通技巧

学习目标

（1）了解地勤服务流程及具体内容。

（2）掌握售票、候机楼问询及广播、值机、安检等岗位的服务沟通技巧。

（3）规范使用地勤服务用语。

（4）运用所学知识灵活处理现实地勤服务中的沟通危机。

第一节 售票服务沟通技巧

案例导入

一张机票的变迁

20世纪80年代，乘坐飞机出行不仅是一种身份的象征，还是一件“奢侈”的事情。一方面，购买机票需要出具单位介绍信等证明，且乘机人必须是县（团）级及以上干部；另一方面，一张机票的价格是64元，相当于当时一名城镇居民全年的收入。

同时，购买机票还需要花费大量的时间成本，从开具介绍信到能够去窗口买机票，几乎要耗费一周时间。到了窗口后，还需要排很长时间的队。由于运力紧张，很多航线开始出现“一票难求”的情况。纸质机票在使用上也有许多不便。例如，在机票遗失时，为防止冒名退票，售票处必须先登记，一年以后才能将票款退给失主。

随着我国经济社会的快速发展，乘坐飞机出行的乘客不断增多。从1993年起，介绍信退出了历史舞台，普通市民只需要出示身份证等有效证件就可以购买机票。伴随民航信息化程度的加深，2003年，国内的航空公司正式推出电子客票业务，电子客票开始取代传统的纸质机票。2008年，中国民航率先在全球范围内实现了100%电子客票。

如今，飞机早已成为普通百姓出行的交通工具。随着中国民航运输能力的不断增强，市场化改革促进了航空公司之间的竞争，解决了乘客买票难的问题。同时，随着运价市场化改革和销售方式的不断改进，乘客可以方便地买到折扣机票，票价更加亲民，“说走就走”不再是一句口号。

资料来源：陈嘉佳. OTA发展：市场之手助推行业进步[N]. 中国民航报，2018-06-22(03).

问题与思考

机票形态小变化的背后，是民航跨越式发展的大变迁。请你结合自身的经历，谈谈民航业的快速发展给生活带来了哪些变化？

一、售票服务内容

售票环节是航空公司与乘客接触的首个环节，是航空公司提供服务的最前端。售票服务主要围绕乘客购票活动展开，包括填开客票、收取票款、办理退票、办理客票遗失，以及客票换开、客票变更、客票转签等服务内容。目前常见的售票形式是电话售票、人工现场售票和互联网售票，其中电话售票和人工售票需要服务人员与乘客直接沟通，工作人员的服务态度和沟通水平直接影响着乘客对民航服务的体验和满意度。

二、售票服务的沟通技巧介绍

（一）细致耐心，避免差错

乘客来售票厅购票，服务人员在出票前应要求乘客出示有效身份证件，对乘客的姓名和证件号码进行反复核对。查验证件需要耐心，在售票工作中，最容易出现的失误是弄错乘客的姓名和证件号码。由于汉语的特殊性，谐音字、方言字等现象普遍存在，一旦乘客姓名出错，乘客将不能正常登机。此外，售票员应及时提醒乘客其证件可能出现的问题，如发现乘客证件即将到期或者已失效、证件不符合要求等，都要及时提醒、耐心解释、给出建议。

（二）规范操作，温馨提示

售票人员应遵循工作流程，规范操作。如提供电话咨询服务时，售票人员应当遵守公司服务礼仪规定，耐心回复乘客的咨询，对于能够及时解答的问题及时给予解答，对于不能够及时给予解答的问题记录下来，请示后再答复，并告知乘客；确认乘客没有需求后方可挂机。在进行现场售票服务时，售票人员应当耐心、细致地解答乘客提问，面带发自内心的微笑。与顾客交谈过程中看着对方的面部，确定顾客没有需求后，方可中断交谈和眼神交流。在进行送票服务时，售票人员应保证送票的及时性和准确性，送票前与顾客确认无误后方可行动。

为避免工作中的差错，售票人员需要针对售票工作中常出现问题进行“温馨提示”。通过温馨提示，将差错消除在出票之前。温馨提示的内容主要包括两部分：一是出票前关于乘客身份信息、航班信息和票价信息的提示。由于机票上日期、航班所属的航空公司、票价级别（打折或全票）等内容，都是按国际航空运输协会（以下简称“国际航协”）的统一规定，只标示英文缩写，因此乘客因不懂英文标注而频频误机的现象屡见不鲜。这就要求服务人员在出票前进行“唱票”，即核对告知乘客姓名、航程、乘机日期、时间、票款金额等相关信息，得到乘客认可后再出票。二是出票后对乘机有关规定的提示。出票后，应提醒乘客提前90分钟到达机场办理登机手续，告知乘客退票的规定及折扣票的限制使用条件，使乘客能感知在享受打折票的同时，自己也应承担相应的风险，让乘客心中有数。

三、售票服务规范用语

（一）日常服务规范用语

（1）对乘客要使用正确的称谓，如先生、女士或职务称谓等。

（2）在与乘客面对面时，需辨明乘客性别及身份证、机票上的姓名，按“姓氏＋先生/女士”的标准语言称呼乘客，为其提供服务。

（3）招呼乘客时，称“您好”，同时伴以微笑、点头等动作。

（4）当自身言行出现失误时，要使用“对不起”“不好意思”“非常抱歉”“请原谅”“请多包涵”等礼貌用语。

（二）不正常航班通知用语

1. 航班变更服务用语

“您好，请问是××先生/小姐吗？我们非常抱歉地通知您，出于××原因，您原来购买的从×地到×地、航班号为××的航班，起飞时间提前/推迟××小时，现在的时间是××，您看可以吗？请您按照变更后的时间提早到达机场办理乘机手续。”

2. 航班取消服务用语

“您好，请问是××先生/小姐吗？我们非常抱歉地通知您，由于××原因，您原来购买的从×地到×地、日期为×月×日、航班号为××的航班已经取消。现改乘的日期为×月×日、航班号是××、起飞时间为××，请您接到我们通知后，按规定时间前往××机场办理登机手续。”

若乘客坚持要退票，则回答：“您可以到我司任一直属售票处或原出票地点办理免费退票手续，谢谢！”若乘客不愿意乘坐航空公司安排的航班，要自己选择时刻，则回答：“请告诉我您选择航班的时间，我们会根据您的要求安排好您的行程。”

（三）答复乘客/电话确认服务用语

（1）首先，要求乘客报记录编号：“好的！请告诉我您的记录编号。”

（2）当乘客报不清楚或不了解记录编号时，可以说：“对不起，请再告诉我乘机人的姓名、航班号和乘机日期。”

（3）当提出 PNR 时，请务必核对乘客的姓名、航段、航班号和起飞时间，确认订座状态为 RR 状态。

（4）最后答复乘客：“现在机票已经确认，请您按时去××机场办理乘机手续。”

（四）特殊乘客服务用语

1. 重要乘客

（1）对方提出申报 VIP，则回答：“请问××先生/女士的工作职务或级别。”在核对姓名时必须重复 VIP 的职务或级别。

（2）公司总裁级（含）以上领导订票，若是本人，听到对方报名后，立即问候：“××总，您好。”待其报完选乘航段，再与其核对航段和姓名，注意不要逐字核对姓名。

2. 无成人陪伴儿童

（1）“请问，这位儿童是自己搭乘航班吗？”若得到肯定，则回答：“本航班可以专为 5～

12周岁独自乘机的儿童推出无成人陪伴服务。请您报一下××的出生年月,好吗?"

(2)"××符合办理无成人陪伴的条件,送票时您将填写一份《无成人陪伴儿童乘机申请书》,请事先准备好接、送人员资料。"

(五)在乘客提出棘手问题时的服务用语

"非常抱歉,这件事我还不能立即答复您,请您留下联系电话好吗?我们一定及时了解情况,给您一个明确的答复。""我记下了,您的电话是……。"

(六)要求乘客出示有效证件的服务用语

"请出示您的有效证件,请核对您的姓名是否和客票一致。"无误后,再与乘客核对乘机日期、行程和起飞时间。若乘客咨询购乘机机场和乘坐民航班车的时间、地点,要准确回答或提供乘客准确的机场巴士电话。

(七)晚到乘客服务用语

(1)若乘客购票时间接近该航班截止办理乘机手续时间,售票员应主动热情地提醒乘客尽快办理乘机手续。例如:"该航班截止办理乘机手续时间为×时×分,请您尽快到值机柜台办理乘机手续。""现在距离截止办理乘机手续时间还有××分钟,请您抓紧时间"。

(2)若乘客购票时间已经超过了航班截止办理乘机手续时间,在航班有剩余座位的情况下售票员可先请示是否可为其办理客票。如可办理,柜台人员应立即引导乘客办理乘机手续,以保证航班正点。可对乘客说:"该航班已过截止时间,请您稍等,我先帮您请示是否可为您办理。"

(3)若乘客购票时间已经超过了航班截止办理乘机手续时间,航班在无剩余座位的情况下,售票员应热情主动地为乘客推介后续航班。可以对乘客说:"该航班已超过截止时间,我帮您查看后续临近航班是否有剩余座位,可以吗?"

(八)乘客在场时与同事交谈的语言规范

(1)不准谈与工作无关的事情。

(2)如业务有分歧,应请示更高层领导进行决断,售票员之间不准进行讨论。

(3)不准交头接耳、嬉笑玩闹,更不准对乘客评头论足。

(4)不准有厌烦、疲倦的情绪和神色,更不准用轻蔑、责备的口吻甚至粗暴的言语与同事交流。

(5)如因工作需要需中断与乘客的谈话,售票员首先应取得乘客谅解,然后与同事做简单的咨询和信息的传达,时间以不超过一分钟为宜。如"不好意思,能否打断一下,……"

(6)当自身言行失误时,要使用"对不起""不好意思""非常抱歉""请原谅""请多包涵"等礼貌用语。

(九)言谈语调及语气

(1)与乘客交谈时,语气要温和,对国内乘客要使用标准普通话,避免使用地方口音。

(2)说话时要口齿清楚、简练明了、用词文雅,给对方以体贴和信赖感。

(3)语速应快慢适中,节奏清楚,表达意思鲜明。

(4)交谈时,音量掌握应得当,语调不可尖锐、刺耳。

（十）言谈细节禁忌

（1）语气粗鲁、声音刺耳。

（2）呼吸声音过大，使人感到局促不安和犹豫。

（3）语言平淡，气氛沉闷。

（4）声音表露倦怠。

（5）说话时鼻音过重。

（6）解说时，口齿含糊，令人难以理解。

（7）说话语速过慢或过快。过慢会使听者感觉沉闷；过快会使人思维跟不上。

（8）与乘客谈话时，不可边走边讲或不停地看表，手不可放在口袋里或双臂放在胸前。

（9）对乘客提出的意见和要求，不要有厌烦的情绪和神色，更不可用责备的口吻甚至粗暴的言语。

（10）不要打断乘客的讲话，如不得以打扰时，应等对方讲完一句话后，说声“对不起”，再进行说明。

（11）忌打听乘客的个人隐私，如乘客的薪金收入、年龄、衣饰价格等。

（12）服务过程中，不得与乘客嬉笑玩闹，更不可对乘客评头论足。

（13）对乘客提出的要求应尽量满足，如不能做到，要耐心解释，不可怠慢；应允的事件一定要落实，不能言而无信。

第二节　候机楼服务沟通技巧

案例导入

把细致做到极致

从2005年进入上海浦东国际机场实习算起，白雪，这个“85后”上海姑娘，已在机场服务了整整13年。从最初两年在机场贵宾室初次接触服务工作，到成长为航站区管理部现场问讯“翔音组”的一名班组长，白雪始终以高标准的专业素养和真诚的服务之心彰显着“上海服务”的品质与温度。

有一次，一位英籍乘客来问讯台求助，由于他本人的粗心，看错了航班起飞时间，赶到机场时已错过了办理登机手续的时间，乘机经验丰富的他原本没抱任何希望，直接前来询问如何改签。白雪并没有简单地给一个改签电话了事，而是一边抄写着航空公司的票务热线，一边热切地询问乘客是否已经办理网上值机。得到乘客的肯定回答后，白雪马上通过内部电话联系到了该航空公司，希望获得帮助。最终，本不抱任何希望的乘客得以顺利登机。一个月后，该乘客再次来上海出差时，特地来到白雪的柜台送来一盒巧克力表达谢意。

服务热情细致，又善于发现、思考和总结问题，这是同事们对白雪的一致评价。她总能在日常生活的点滴之中敏锐地察觉有品质的服务，并想方设法将其融入自己的服务工作中。

在一家拉面店里，她注意到服务员在送上收费单时，总会将背面朝上轻放在餐桌上，而一般的餐饮店大多是将收费单随意放在桌子上。在白雪看来，这个细小的举动，正是为了避免打扰到顾客用餐,因为正面字朝上的话,顾客就难免会去阅读上面的内容。

在常人眼中,这些琐碎的细节或许无关紧要、不值一提。但在白雪看来,服务的品质和温度其实正体现在这些不易察觉的细微之处。结合多年的摸索实践和服务经验,白雪也立足本职岗位提炼了一些可复制推广的服务方法。比如"1Q3A 服务法",即用三种不同方式来回应同一个问题。由于每位乘客的认知程度不同,有时部分乘客或许难以理解问讯员常用的标准化回答,这时问讯员就需要用不同的方式来表述同一个答案,这样乘客更易于理解。

白雪说:"虽然现在有越来越多的自助设备、互联网科技应用到民航领域,但人性化服务所传递的温暖依然是不可替代的,这大概是很多乘客仍然选择求助于问讯台的原因吧。我相信,我们亲切的微笑、细致的服务、心与心之间的真诚沟通一定会给顾客的旅途带来一丝温暖。"

资料来源:徐吉鹏."上海服务":把细致做到极致[R/OL]. http://qnzz.youth.cn/kszt/shanghai/07/201812/t20181228_11828102.html.(2018-12-01)[2021-01-05].

问题与思考

(1)结合案例,谈谈白雪的问询服务是如何做到既有"品质"又有"温度"的?

(2)白雪的问询服务沟通技巧,对未来从事实际工作有什么启发意义?

一、候机楼服务内容

(一)问询服务

一般来说,机场问询主要是为乘客提供各种信息服务,包括流程信息、航班信息、航空公司信息以及航站楼内各种服务信息等。问询服务根据服务内容的不同可以分为航空公司询问、机场询问、联合询问;根据方式不同可以分为现场询问和电话询问(人工电话和自动语音应答问询);根据服务柜台的设置位置不同,分为隔离区外的问询服务和隔离区内的问询服务。

广泛分布于航站楼内的机场问询工作人员应热情地为乘客服务,帮助乘客解决遇到的实际问题或为乘客解决问题指明方向。作为地勤服务的第一窗口,问询服务反映出机场地勤服务的精神面貌和服务质量。

(二)广播服务

候机楼广播服务就是利用公共广播系统,发布即时的航空公司航班信息,特别是公告、紧急通知等语言信息,是乘客获取出行信息的重要手段。候机楼广播服务系统一般由基本广播、自动广播、消防广播三部分组成。其中,基本广播就是航班信息的广播,包括航班到达、办理(或催促)、催促安检、民航局公告、登机(催促)广播、航班延误(取消)广播、失物招领等。自动广播是在航班信息或航班动态信息控制下,按时间顺序和不同的广播分区进行广播,无须操作人员控制而自动进行。同时,航班信息的广播可以与航班信息的显示同步。消防广播是与消防安全相关的信息广播,起到提示、火警通告引导与疏散的作用。

中国民航总局于 1995 年制定和实施了候机楼广播服务用语规范,对民航机场候机楼广

播用语的一般规定、类型划分和主要广播用语的格式做出了规范。该规范规定，广播用语必须准确、规范，采用统一的专业术语，语句通顺易懂，避免发生混淆；广播用语的类型应根据机场有关业务要求来划分，以播音的目的和性质来区分；各类广播用语应准确表达主题，规范使用格式；广播用语以汉语和英语为主，同一内容应使用汉语普通话和英语对应播音，在需要其他外语语种播音的特殊情况下，主要内容可根据本标准相关规范中广播用语汉语部分进行编译。

二、候机楼服务的沟通技巧介绍

（一）百问不厌，耐心细致

现场问讯员的主要职责是，为进出机场的乘客提供航班信息的查询、候机楼内的方位指引、疑难问题的解答以及爱心通道的特色服务。工作看似简单，但要真正做好并长期坚守却绝非易事。“请问在哪里办票?”“请问厕所在哪里?”“请问在哪里托运?”不厌其烦地对类似乘客问讯做出细致解答，是每个问询员日常工作的主要内容。在节假日出行高峰时，问询量更是大大增加，这对长期坚守在一线的问讯员来说，是对耐心的极大挑战。问询员需熟悉业务内容，调整好心理状态，保持一贯的耐心细致，以乘客顺利出行为服务核心，站在乘客角度思考问题，提供积极的咨询建议。回答问题清晰、准确，有问必答，对一时无法解决的问题，耐心解释或向上一级值班领导请示，严禁说“不知道”。

（二）有效通知，负责到位

在日常服务保障过程中，经常会遇到各种各样的临时情况，比如，登机口变更、航班取消、机型变化等。此时，对经常坐飞机的常乘客来说，可以驾轻就熟；对年轻人来说，寻求帮助渠道也不是难事；但是对一些不熟悉民航出行流程的乘客或老年人来说，就需要更多指向更明确、更高效的服务通知和后续的保障。候机楼工作人员，如何及时有效通知，是一门大学问。有效的服务通知要清晰、明确。对大部分乘客来说，服务有变化时，现场通知是主要的接收信息渠道。在此情况下，有效的服务通知就要确保内容准确、清晰，指向明显，不能只是走个流程。以更换登机口为例，候机楼工作人员在发布通知时，不仅要在通知中说明新登机口的号码，还要加上抵达新登机口需要的步行时间等信息，让乘客“心中有数”。再比如，如果遇到航班取消需要退改签等情况时，不仅要通知乘客需要退改签，还要将负责退改签的柜台和流程进行通知，让乘客只要听到通知就能明白所有流程，避免二次询问和沟通。工作人员应能预测乘客的困难或需求，主动帮助解决或解答。只有如此，才能引导乘客快速根据指引配合相关工作，减轻其他一线人员的工作压力。

目前多家航空公司在问询服务方面都倡导“首问责任制”，即乘客求助的第一位工作人员有责任在第一时间确保给予准确的答复或在有效解决问题的前提下提供优质服务，否则必须将用户指引到能提供有效服务的单位或岗位。当乘客提出询问服务要求时，由第一位接到信息的工作人员负责接待，并对询问事项进行办理或协助办理、跟踪反馈，该服务人员即为首问责任人。提供协助或后续服务的人员或部门为第二责任人，相对于第一环节是后续服务的首问责任人。此举有利于提升企业员工服务意识、增强服务责任心，进而提高生产效率，提升服务水平。

案例 4-1

机场临时更换登机口,害苦两老人误机废票

"十一"国庆节期间,安徽马鞍山市民熊先生家的两位老人从北京来到马鞍山游玩。熊先生在网上购买了 10 月 14 日两位老人从南京飞往北京的 1.5 折特价机票。

10 月 14 日当天,为了不错过 11 时 40 分起飞的飞机,熊先生和两位老人在 9 时 20 分就到达了南京禄口机场,顺利换取了登机牌并通过安检。此时,距离登机还有将近两个小时,工作繁忙的熊先生将两位老人送至登机牌上显示的 18 号登机口后,提前返回了马鞍山。

两位老人因年事已高(分别是 73 岁和 64 岁),之前从未乘坐过飞机。熊先生离开后,两人就一直在候机大厅等待,不敢离开。11 时 40 分时,突然有服务人员前来告知老人登机口已改到 23 号。等到她们匆匆赶到 23 号登机口时,被告知飞机舱门已经关闭,不再接受乘客登机。

手足无措的两位老人只得在工作人员的陪伴下去办理改签手续。机场改签处工作人员表示,特价机票无法改签和退票。两位老人只好重新花费 3000 元购买了下午 1 时 40 分起飞的航班回北京。"特价机票不能改签、退票这个我知道,但没能赶上飞机应该是机场的失职,是因为机场通知不及时才导致两位老人多花 3000 元,这个损失不应该由两位老人承担。"熊先生对机场临时改换登机口却没能及时有效通知乘客感到气愤。

资料来源:薛庆元.机场临时更换登机口,害苦两老人误机废票[R/OL]. http://www.js315ccn.com/html/news/detail_2014_11/26/37285.shtml.(2014-11-20)[2021-01-15].

案例启示:面对一些不熟悉民航出行流程的乘客来说,民航服务人员需要提供更为细致耐心的服务,做到高效通知、保障到位,不能只是"走过场"。

(三)规范语言,谨慎表达

在候机楼服务过程中,接待的都是来自全国乃至世界各地的乘客。因此服务人员在提供服务时,应注意谈吐文雅,用词简练,清楚并明确。语调应亲切、平稳,语句流畅、合乎规范,语意完整、合乎语法。说话方式温婉热情,表情举止自然有度。

面对乘客最关心的飞行相关问题,如飞机何时起飞、何时到达、何时登机、何处登机等,工作人员应及时反馈。而实际情况是,受天气或者流量控制等不确定因素的影响,工作人员很难给出准确的答复,一旦给出的信息与实际情况不符,就会导致乘客的不满,甚至引发投诉,因此,如何沟通有"度"是个难题。当工作人员传递信息时,应注意选择恰当的语言表达,给话语留下一定的"空间"。回答乘客的所有信息应附加条件(如预计、目前通知等),避免信息变更而引发乘客的误解或歧义。一旦出现极端天气或是流量控制等不可控情况时,也不至于因为乘客"钻牛角尖",而陷入被动处理的窘态。例如,关于飞机何时到达的问题,工作人员可以说"预计的抵达时间是××点××分";又如,关于在哪个登机口登机的询问,如果距离登机时间还很长,可以说"暂时安排是从×登机口登机,如果情况发生变化,会用广播通知,请您留意"。

三、候机楼服务规范用语及礼仪

(一)服务用语

语言简明、通俗、清晰,语气温和,忌用专业术语、服务禁语。

(1) 问候语。例如：您好/早上好/中午好/晚上好……

(2) 迎接语。例如：欢迎乘坐××航班/很高兴见到您/欢迎您的到来……

(3) 请托语。例如：请您稍等/劳驾您/麻烦您/对不起，让您久等了/对不起，打扰您一下……

(4) 推托语。例如：十分抱歉，没能帮到您/对不起，中国民航局规定……

(5) 应答语。例如：对/好的/是/没关系/不要紧/您不必客气/没关系，这是我应该做的……

(6) 征询语。例如：我能帮您吗？/我们能帮您做什么吗？/这样处理，您觉得满意吗？……

(7) 致歉语。例如：对不起/非常抱歉/请多包涵……

(8) 致谢语。例如：谢谢您/非常感谢/谢谢您的理解(配合、合作)/非常感激您对我们的帮助……

(9) 赞赏语。例如：很好/非常正确/您的意见非常宝贵/这个意见对我们非常重要……

(10) 礼贺语。例如：节日快乐/生日快乐/新年快乐/新年好/祝您身体健康……

(11) 道别语。例如：再见/慢走/走好/旅途愉快……

(二) 服务态度

(1) 应主动迎候乘客，并询问乘客服务需求。

(2) 应主动向乘客目光致礼，并问候前来咨询或办理业务的乘客。

(3) 应注意与乘客的语言交流，避免“哑巴服务”。

(4) 音量适中，清晰热情。

(三) 服务礼仪

(1) 要始终面带微笑，表情自然、大方。

(2) 与乘客有目光交流，不要盯视、斜视、窥视、上下扫视。

(3) 行礼自然、大方、尊重。

(4) 站立时，精神饱满，双眼平视对方，面带微笑。

(5) 递/接物品或单据时，使用双手递/接，应致谢并伴随语言交流。递送乘客身份证件、机票、登机牌或各类单据时，字体应正对乘客。递送物品时，要轻拿轻放，以方便乘客接取为宜。

(6) 行走时，靠通道的右侧，避免走中间。狭窄通道应主动侧身让乘客先过并打招呼。迎面与乘客相见，点头微笑或使用“您好”等称呼乘客。

(7) 同方向超越乘客时，使用“对不起”“谢谢”等语言向乘客致意。

(四) 特殊情况

(1) 与乘客沟通时要避免使用让乘客不安的负面语言或否定语气。

(2) 目光尽量要与乘客交流，判断乘客的情绪和心态。

(3) 解释和答复乘客时要表明是目前暂时的情况，避免由于情况变化而让乘客误解或不满。

(4) 乘客询问一个问题时尽量回答乘客两个以上的答案，让乘客选择。

(5) 避免乘客把焦点集中在航班或行李运输不正常的责任归属上。

第三节　值机服务沟通技巧

案例导入

北京南航地服值机员及时解围，旅行社赠锦旗

10月23日晚上，北京南航地服值机员徐扬正在团队柜台为团体乘客办理手续。期间来了一个30多人的广州团，导游将所有团员的证件都交给徐扬，请他先统一办理登机牌，导游告诉徐扬集中安排座位。徐扬按照服务标准逐个核对证件和离港信息，同时一一询问乘客座位的喜好，并尽量满足座位要求。期间有几位乘客想坐在前排或紧急出口座位，但经过与导游沟通，导游告诉徐扬："团队乘客需要统一安排座位，还是尽量安排在一个区域吧。"这位导游可能经验不足，也可能是想方便后续的接机安排，对团员的需求不予采纳，语气也略为生硬。

当导游拿出服务意见测评表让团员打分的时候，刚才那几位乘客可能对旅行社这几天的活动安排或对导游的服务有些不满意，开始发难，与导游动起了嘴皮子。他们以不能满足座位需求为由，带动大部分乘客情绪，同时还要给其不满意的评价。一时间柜台周围群言四起，导游四处说好话。

徐扬看当时的情况有些失控，便急忙帮导游解围："咱们出门在外，就是为了看看风景、散散心。要是弄得心情不愉快就不太好了。"徐扬给导游一个眼色，说："他这样安排肯定也是希望大家坐在一起方便，如果各位不满意，我再帮大家改一下座位。大家的意见对旅行社和南航非常重要，我们会采纳和改进，希望大家支持我们工作！"导游见势也改用和气的语气和团员们沟通，主动承认工作有不到位之处。徐扬的积极协调和导游的态度转变赢得大部分乘客的理解，领队也适时收集那几位有意见乘客的登机牌，交给徐扬按他们的需求一一调整座位。

团员不满的声音在徐扬、导游和领队快速的反应动作下消除了，柜台重新恢复了秩序，他们积极地配合导游的后续工作、有序地办理手续后通过安检。期间所有团员在旅行社服务意见测评表都打了分。

在离开柜台时导游带着几名乘客走过柜台，诚恳地对徐扬说："真是谢谢你，要不然我今天都不知道怎么收场。"徐扬回以羞涩一笑："欢迎您选择南航，希望您能一如既往地支持南航。"

资料来源：余国辉．北京南航地服值机员及时解围，旅行社赠锦旗[R/OL]．http://news.carnoc.com/list/266/266953.html.(2020-10-01)[2021-01-20].

问题与思考

(1) 在值机服务过程中，团队乘客占据一定比例。请谈谈如何做好团队乘客的值机工作？

(2) 在徐扬积极调和的过程中，体现了哪些沟通服务技巧？

一、值机服务内容

值机是为乘客办理乘机手续、接收乘客托运行李等服务工作的总称，是民航乘客运输地面服务的一个重要组成部分，也是民航运输生产的一个关键性环节。

（一）值机员具体工作职责

（1）查验客票，保证乘客机票有效。按要求通知乘客支付相关费用。

（2）航班不正常时，协助代理航空公司为乘客办理签转、改期手续。

（3）查验乘客旅行证件，确保空防安全。

（4）询问有关行李安全问题，确保乘客托运行李通过安检。

（5）准确输入托运行李件数及重量。

（6）确保托运行李符合航空公司托运要求。

（7）按航空公司要求安排乘客座位。

（8）按航空公司要求接收特殊乘客并安排特殊服务。

（二）接收乘客注意事项

值机员的值机工作，按照作业程序可分为值机准备、接收乘客以及值机结束三个步骤。其中接收乘客作业，是直接与乘客进行沟通交流的重要环节。其过程又具体包括引导乘客、迎接乘客、适宜性乘机检查、提取订座信息、核查客票、查验证件、信息确认、座位安排、打印登记牌、托运行李、收取费用、发放登记牌等步骤。此部分重点介绍引导乘客、迎接乘客、适宜性乘机、座位安排等环节的注意事项。

1. 引导乘客

（1）航班开始办票前 10 分钟，值机员或服务员准时站立在值机柜台乘客入口处。

（2）根据不同航空公司要求，准备随身行李标识牌、航空公司乘客姓名牌等业务用品。

（3）使用礼貌用语，主动与乘客打招呼，确认航班号、日期和舱位。

（4）根据乘客舱位、会员级别、乘客类别引导乘客至相应的通道排队。

（5）控制送行乘客家属人数进入排队队列，减少乘客排队等候时间。

2. 迎接乘客

值机员起身站立迎接乘客，微笑并使用礼貌用语问候乘客，如“您好！”“早上好，先生/女士”等。

3. 适宜性乘机检查

（1）值机员要求乘客出现在值机柜台，并通过观察乘客的外貌和言行举止，评估乘客是否适宜乘机。

（2）如怀疑乘客存在传染性疾病、身体状况不佳、精神疾病、醉酒等情况时，应立即通知上级领导。

4. 座位安排

（1）在满足配载平衡的情况下尽可能满足乘客的座位位置要求，如询问乘客需要靠窗还是通道的座位，并尽量将同行的乘客安排在一起。

（2）如柜台不能满足乘客的座位需求，应将乘客座位需求通知登机口，以便登机口视情况为乘客调整。

(3) 根据航空公司要求,安排特殊乘客、贵宾乘客的座位。

(4) 安排紧急出口座位时,必须根据航空公司要求,对乘客身体状况进行评估,通常不得将病残乘客、年老体弱乘客、儿童或航空公司界定的未成年人、携带婴儿乘客、航空公司界定的肥胖乘客以及其他特殊乘客安排在紧急出口座位。安排乘客坐在应急出口时,应征得乘客的同意,并告知乘客紧急出口座位安排要求,了解该座位的责任和义务。并根据航空公司要求在登机牌上粘贴紧急出口告知标识贴。

二、值机服务的沟通技巧介绍

(一) 换位思考,主动沟通

一般来说,乘客办理值机,对行李托运是最为关心的。如果值机员不能学会换位思考,站在乘客的角度思考问题,就会给后续服务带来一定的麻烦。现在,越来越多的航空公司转型为服务差异化公司,最为突出的问题就是行李托运额的变更。例如,原来有 20 千克免费行李托运的航班,现在由于舱位的变更和业务的变更,往往造成有些乘客没有免费托运行李额。乘客因为对具体细则不了解,容易与值机员产生沟通矛盾。专业的值机员不应该将航空公司业务变更的矛盾或是不良情绪转移到乘客身上,请看以下这段对话。

值机员:您好,请问要去哪里?

乘客:您好,我要到杭州,首都航空的。

值机员:首都航空的话,有个情况跟您说明一下,首都航空于 2019 年 3 月 31 日开始实行行李差异化服务,托运是需要收费的。您看您需要托运吗?

乘客:我有托运,我的行李箱只有不到 20 千克也要交费吗?上次我坐的也是这个航空公司的航班,也没有收费,就是这个行李箱。

值机员:因为行李差异化服务也是最近才开始的,您可以看一下宣传单。您舱位是 A 舱,它是没有免费托运行李额的。您也可以看一下您的手机短信,上面有提示的。

乘客:那是不是很贵啊?

值机员:您放上来,我看一下行李的重量。行李是 15 千克,到杭州是每千克 16 元,交费大概 240 元。

乘客:我里面有个 5 千克的笔记本电脑,我可以拿出来带上飞机吗?

值机员:5 千克笔记本电脑可以带。减去 5 千克就是 10 千克,收费是 160 元。

乘客:那我去旁边整理一下。

值机员:好的,那您整理一下再过来。请您拿着这个宣传单再看一下。

乘客:好的,谢谢。

作为值机员,要对航空公司的业务变更提前学习,心中有数。更为重要的,要有换位思考的意识和行动。对于航空公司突然的业务变更,连值机员都需要时间消化,更何况是乘客,所以,对于他们提出的疑问,值机员要表示理解。同时尽量提供多种方案给乘客,比如,取出的部分行李让乘客自带或是让家人带回非必需品等,这样的服务才是真正从乘客需求出发的服务。

（二）话语温馨，拉近距离

初次问候语对乘客来说有着特别的意义。工作人员如果对任何国家的乘客都用“您好！”来问候，虽然符合服务规范，但缺少亲切感，客人的满意度不会太高。作为值机人员，多学几种问候语是非常有必要的，即便只是只言片语，也能为乘客带来不一样的出行体验。

案例 4-2

清晨 5 点，白云机场国际值机保障的第一个航班是全日空航空飞往东京的航班，当早起的乘客带着一脸倦容来到柜台前，值机员们马上用一个甜美的笑容，一句轻声的“こんにちは！（日语‘您好’）”问候，带给他们一个意外的惊喜，在驱散疲惫之余，还为他们的旅程增添一丝温馨。前来中国学习的幸子小姐说：“我虽然已经习惯了与中国朋友交流，但每一次在机场听到你们用日语与我打招呼，倍感亲切便是我的第一感觉。”

资料来源：翁均宇.“看得见”的白云机场之“值机服务的这些年”[R/OL]. https://mp.weixin.qq.com/s/bjUCUDbAP_r_0gjEvaPWPg.[2021-01-15].

案例启示：随着航空运输业的快速发展，搭乘飞机的中外乘客越来越多，航空服务人员可能与多国乘客接触，这就要求其工作人员能够用流利的外语与乘客交流。国内一些航空公司已将除英语以外会一两门小语种作为优先录用职员的条件之一。

在值机服务中还经常会遇到乘客迟到甚至错过航班的情况。此时，值机服务人员应多用温馨的话语安抚其心情，缓解其由于错过航班而产生的低落情绪。请看以下这段对话。

有一位乘客急匆匆地跑过来问：“我还能赶上飞机吗？”

值机人员一看飞机已经起飞了，很遗憾地说：“先生，不好意思，本次航班赶不上了，我帮您办理改签手续吧。”

值机人员关心地询问乘客：“您是什么原因迟到的啊？”

乘客回答：“今天路上特别堵。”

值机人员继续说道：“没关系，我已经帮您办理了改签手续，改乘下次航班，还需要再等 2 个小时，我们给您换好了登机牌，您可以先过安检到候机楼休息，或者购物。这是您的登机牌，祝您一路平安。”

（三）管理情绪，化解危机

值机服务人员在为乘客办理登记手续时，时间紧、任务重、环境嘈杂，工作压力大。有时值机服务人员已忙到不可开交，乘客还会提出各种各样的问题，甚至在排队的过程中产生一些矛盾，影响正常的业务办理。请看以下这段对话。

值机员：（核验证件）到海口的吗？

乘客 A：嗯。

值机员：有行李托运吗？（此时乘客 B 将行李扔到传送带上。）

值机员：（态度冷漠）这是谁的行李？

乘客 B：我的。

值机员：麻烦拿下去，还没到你。

乘客 B：为什么呀？（手指向 A 乘客）她刚刚插我队呢！

值机员：我怎么知道你们谁在前，谁在后。要不你们商量好了再来办理。

从这段对话中，可以看出值机员服务意识淡薄，面对乘客间的矛盾没有很好地化解，甚至受到乘客情绪的干扰，降低了工作效率，最终将矛头指向了自己，事后遭到了乘客的投诉。那应该如何管控好个人情绪，调节好乘客情绪，化解乘客间突发性的矛盾呢？请看以下这段对话。

值机员：到海口？女士。
乘客A：嗯。
值机员：有行李托运吗？(此时乘客B将行李扔到传送带上。)
值机员：(语气温和)这是谁的行李？
乘客B：我的。
值机员对B乘客：麻烦您先拿下去，前面正在办理。
乘客B：她插我队了呀！
值机员：真的吗？我这边很快办理完，您先拿下去一下，我马上帮您办理，女士。
值机员对A乘客：(A乘客业务已办理完毕)您的手续好了，请往这边走。
值机员对B乘客：女士，到哪里？
B乘客：到上海。
值机员：就一个托运的吗？
B乘客：是的。
值机员：刚才不好意思，我没有看到她插您的队。
B乘客：没事儿。
值机员：就这一件行李到上海虹桥吗？
B乘客：是。
值机员：请看一下这个告知，行李内不能放置打火机、充电宝等物品。
乘客：好的。
值机员：在前面红色屏幕下稍等三分钟，没有显示名字再往前过安检。

可以看到，同一情境不同的处理方式所带来的结果是截然不同的。在柜台操作时，值机员应注意服务规范和沟通技巧。当有乘客发生冲突时，服务人员一定要沉着冷静，及时化解乘客矛盾，不能对乘客出言不逊或指责乘客，引发更严重的矛盾纠纷。

三、值机服务规范用语

值机员：(动作：5米起身迎接，3米举手示意，1米伸手接过证件)您好，先生/女士，您去哪里？

乘客：我去××。

值机员：好的，先生/女士。(扫证件获取航班信息)您好，××先生/女士，您是××航班去××的吗？

乘客：是的。

值机员：好的，请问您有托运行李吗？请放到传送带上。

值机员：您好，×先生/女士，这确定是您的行李吗？是您自己整理行李的吗？里面确

定没有别人赠送的、您自己所不知道的礼物或物品吗？里面没有锂电池充电宝吗？

乘客：是的。

值机员：好的(扫描行李牌)。

值机员：××先生/女士，再确认一下您是×件行李，航班号×××到××(地点)是吗？

乘客：是的。

值机员：好的，×先生/女士，已经为您办好值机和托运手续，您的登机口在××号，登机时间是×时×分，座位号是××，感谢您选择××航空，祝您旅途愉快！

第四节　安检服务沟通技巧

案例导入

爱笑的女孩运气不会差

张爱玲，来自有"滇城"之称的云南曲靖，2016 年 1 月进入(元翔)厦门国际航空港股份有限公司安护部，现在是 T3 检查分部头等舱安检彩虹班组的一名安检员。

在新员工入职阶段，张爱玲学习和掌握的是安检工作的检查标准和方法等一些基本知识。但在这些本领都熟练掌握之后，考验她的就是处理问题的经验技巧，以及面对突发状况的应变之策。这些都是厦门机场安检员成长的必修课程。在为期一个多月的通道验证学习中，张爱玲总是细心观察老验证员的查牌查证方法，学为已用。当看到有同事在递还乘客登机牌时，会主动的和乘客聊几句。第二天，原本在验证台上拘谨的张爱玲也大胆地向乘客展示出微笑中的八颗牙，和乘客的互动也多了起来。她看到老验证员在核对乘客登机牌上的乘机信息时，会用身份证一行行的在上面比对，眼睛也随之转动。在第二天，张爱玲会把前一天学到的技巧运用到工作中去，不仅提高了通道验放速度，还降低了漏盖错盖的失误率。

好的安检服务，在同等条件下，一定是胜在对细节的把握上。这也是为什么同样的工作流程下，有的安检员被表扬，而有的安检员却被投诉。所以，张爱玲格外关注自己的检查细节和对服务的用心程度。比如，在检查乘客手腕时，头等舱乘客会佩戴价格不菲的手表、手镯等物品，张爱玲在检查时一再告诫自己小心谨慎，以免因探测器挥动时用力过猛，撞击和磨损乘客手上的物品，引起不必要的赔偿和纠纷。比如，在检查男士的领带时，张爱玲也会多提示一句："我检查一下您的领带。"商务乘客往往都是西装革履地乘坐飞机，到达目的地后参加会议或出席重大的活动。因此，他们格外重视自己的形象。而张爱玲的一句"多嘴"，充分显示出厦门机场安检员对乘客身份的尊重。对于腿脚不便的老年人，张爱玲会主动转身对他们进行检查。相对于少数福建籍的乘客，受地理环境和历史传统因素的影响，他们不能完全听懂普通话，这给张爱玲的工作带来了不小的麻烦。可她没有自乱阵脚，而是冷静且不急躁地把平时单位组织学习的基本闽南语发挥出来，再配上肢体动作，往往也能对工作起到事半功倍的效果。

资料来源：张晨曦. 厦门机场安检员张爱玲：爱笑的女孩运气不会太差[R/OL]. http://www.iaion.com/fw/76223.html.[2021-01-17].

问题与思考

(1) 张爱玲面对不同的乘客群体时是如何进行服务沟通的？你获得了哪些启发？

(2) 请你谈谈案例中"微笑安检"的方式是否可行？

一、安检服务内容

机场安检是安全技术检查的简称，它是指在民航机场实施的，为防止劫(炸)机和其他危害航空安全事件的发生，保障乘客、机组人员和飞机安全而采取的一种强制性的技术性检查。

安检是乘坐民航飞机的乘客在登机前必须接受的一项人身和行李检查项目。安检服务的根本目的是防止机场和飞机遭到袭击，防止运输危险品引起的事故，确保乘客的人身和财产安全。

二、安检服务的难点及产生原因

安检的工作性质就是从乘客身上及其货物中查出威胁飞机和乘客安全的违禁物品。由于安检员在服务过程中必须直接接触乘客的身体和物品，尤其乘客在通过安检时，会被要求"脱下外套、掏出钱包、脱鞋检查"等，这些无疑会使乘客感到麻烦和不悦。所以，安检执法服务越到位，越容易与顾客产生矛盾，谁都不希望自己的身体受到"侵犯"，行李隐私被暴露。

安检服务缘何难？究其原因，一是安检自身的服务特性。安检服务被许多专家称为"索取型"服务，与飞机上的空乘服务、餐饮服务等"给予型"服务相比，难度更大，更不容易让乘客理解和接受。二是安检员对安全服务的偏差性理解。有些安检员对自己的工作曾经存在误解，认为微笑服务会降低安检的威慑力。因此，他们一度把"安全第一"看作维护单位形象和利益的唯一标准，宁可得罪顾客，安全也要确保。在这种思想指导下，服务工作一直只停留在"有投诉能摆平"的低水平上，这是安检给人威严有余而温馨不足的重要原因。三是安检员自身服务意识和能力不足，存在真情服务认识不足、服务精细化程度不高、服务技巧不够精湛等问题。

三、安检服务的沟通技巧介绍

(一) 多问一句，提高效率

在安检过程中，安检人员一定要予以乘客足够的尊重，能够根据实际情况进行人性化服务，特别是要具备主动服务意识，尽早作出温馨提醒。比如，坐在验证台的安检员在完成本职工作后要提醒乘客："请取一个筐往前走。"让通道保持顺畅，避免堵塞。负责维持秩序的安检员，则视具体情况做出相应提醒。看到带烟的乘客多问一句："身上是否携带打火机等物品"看到包里有水果的乘客问一句："是否携带水果刀？"除此之外，对于携带笔记本电脑、平板电脑的乘客，也要尽早提醒他们取出物品单独过检。多问一句，既可以帮助乘客减少不必要的后续麻烦，还能提高整个工作流程的效率，一举多得。

(二) 多看一眼，排忧解难

随着乘机出行乘客数量的不断增加，乘客的结构也越来越多样化，每位乘客期待的安检服务是不一样的，因此，需要安检员针对不同乘客的需求提供差异化的服务。每年多次乘机

出行的乘客，对安检规定较为熟悉，一般能够主动配合、顺利过检。而许多初次乘机的乘客不熟悉安检规定，就需要安检员多花费一些耐心和精力。

当这些乘客过检出现问题时，安检员应多为他们提供一些人性化的服务建议，比如，寄存或快递无法带上飞机的昂贵物品等。在帮助他们更好地了解安检规定的同时，也使其对民航服务留下一个好印象。对于特殊乘客，安检员更需要关注其心理需求，比如，对上了年纪的大爷大妈说话就要尽量放慢语速、语调亲切、吐字清晰；对于身体不便或乘坐轮椅的乘客就要尽量给予照顾，用手工进行检查；当有乘客在接受安全检查时不停看表，就能够推测这位乘客可能来晚了，在严格检查的同时，就要尽量加快速度。安检服务中的用心是时时刻刻、自然而然、发自内心的。这些都不是条条框框、规章制度所能要求和制定的，一切都要靠一线员工用心去体察。

（三）耐心解释，灵活处理

经常有乘客因为不理解安检法规的内容，或因其他一些事情办得不顺利，到安检现场时情绪失控，不断向安检员宣泄各种怒气。此时安检员不应被乘客的失控情绪干扰，应当冷静地听完乘客的陈述，及时找出引发矛盾的主要原因并对症下药予以解决。例如，根据规定，航空乘客可随身携带单件容器容积不超过 100 毫升的液态自用化妆品乘机。关于这一条，很多乘客“中了招”。当安检不被通过时，一些乘客很恼火，甚至拒绝托运。如果安检员这时强调“这是规定，我也没办法”，便会让乘客更为光火。安检员要给乘客做选择题，而不是判断题。如果可以，应及时为乘客提供解决方案，比如，“如果航班时间还早，可以先去托运”等。如果实在是时间紧急的乘客，安检员应日常准备几个不超过 100 毫升容积的分装瓶，给乘客备用，减少他们托运行李的时间。

曾经有位投诉者这样描述事情经过：“昨天的航班我带化妆品过安检也没说不行呀，怎么今天同样的行李就不行了？要求解释吧，安检员不理不睬，态度极其恶劣。”还有一位投诉者索性说：“我从北京（上海）就是这么带过来的，怎么到你们这就不让带呢？”遇到这样的投诉，不乏乘客信口不实，但安检人员一定要掌握一个原则：即按规定动作操作，统一标准，并配合诚恳、规范、准确的解释语言。安检员可以解释说：“或许因为某种原因，昨天的安检员未能查出，也或许您昨天根本就没有随身携带，但是不代表您现在可以随身携带这件超量化妆品，这是民航局统一规定的，希望您能配合！”并且对待延误航班二次安检的乘客主动引领协助其以快捷的方式办理托运手续。对乘客在安检过程中遇到的问题要耐心聆听，在不违反工作原则的基础上尽力为乘客解决问题。乘客身心愉悦，就会少一些纠纷和矛盾，多一些宽容和理解，安全检查工作就会进行的更加顺利。

四、安检服务规范用语

在安全技术检查工作中，应做到“请”字开头，“谢”字结尾。注意运用“您好”“请”“谢谢”“对不起”“再见”等文明用语。与乘客交流时，切忌冷漠、不耐烦、推脱的语气，如“不知道”“不清楚”“没时间”“自己看”“我不管”等。以下是安检各个岗位的服务规范用语。

（一）防爆岗位

当乘客进入候机楼后，应主动上前对乘客箱包进行防爆检查，并告知乘客请接受防爆检查。如“先生/女士，您好，请接受防爆检查”。检查完毕后，应说“谢谢您的配合”。

（二）维序岗位

安检员在待检区域时，应告知乘客按次序排好队，准备好身份证件、机票和登机牌，在一米黄线外准备接受安全检查。

（三）验证岗位

当乘客到达验证岗位时，应说“先生/女士，您好，请出示您的身份证或其他有效证件，机票和登机牌”。验证岗位需注意，应双手接递，微笑问好，核对三证，查看证件是否有效，人证对照，询问火种，自动扫描乘客登机牌，自动采集储存乘客相关信息，同时查看是否为布控人员，检查无误的加盖验讫章放行。

（四）前传岗位

乘客验证完成后到达前传岗位，安检员应主动告知乘客，“请把您的行李依次放在传送带上，请将笔记本电脑、雨伞、充电宝单独取出”。查看乘客登记牌上是否加盖验讫章后，告知乘客请往里面走，同时配合手势。

（五）人身检查岗位

乘客通过安全门以后，安检员需口头提示乘客抬起双臂，“先生您好，请解开衣扣，抬起双臂”。前半部分检查完毕后请乘客转身。乘客人身检查完毕后，应说“检查完毕，谢谢您的配合”。

（六）开箱包检查岗位

在乘客需要开箱包检查时，应说“您好，您的箱包需要进行开箱包检查，请打开您的箱包”。当发现乘客的箱包中有不能随身携带上飞机的物品时，应说“对不起，××您不能随身带上飞机，您可交给送行人带回或办理托运”。在岗位执勤中，当发现乘客的物品不能携带上飞机并告知乘客时，切忌出现生硬蛮横的语气，如“我说不行就不行”“不让带就不让带”“不检查就出去”等语句。

综合练习

案例分析

1. 乘客王女士办理完登机手续准备进行安全检查，安检员要求其脱掉大衣再过检，由于王女士大衣里面只穿了无袖T恤，便说不方便脱，于是安检员态度非常不好地把王女士的手提行李“扔”在安检机器上，王女士非常生气地说：“你为什么扔我的包？”安检员说：“为什么不能扔！”说着二人发生了口角和肢体冲突。

2. 乘客周先生在进行安全检查时把身上所有该拿出的物品全部拿了出来，但是安检员称周先生身上有打火机，周先生说没有，安检员说：“我要是查出来怎么办？”态度非常蛮横，周先生说：“你怎么用这种态度对待乘客？”周先生认为，安检人员的态度简直差到极点，非常有损机场的形象。

3. 乘客何女士在进行安全检查时，将随身携带的两台笔记本电脑先后从行李箱中取

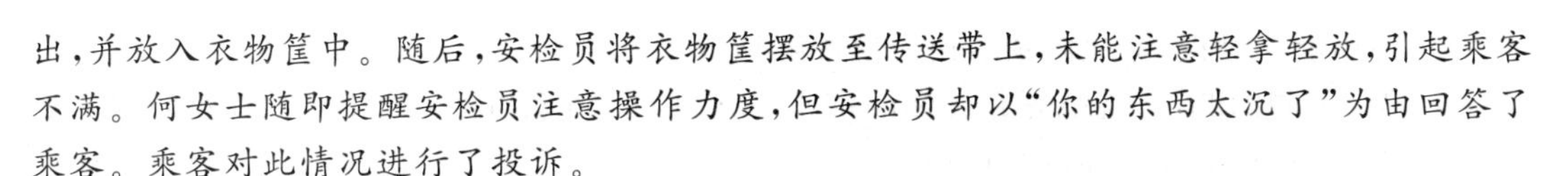

出，并放入衣物筐中。随后，安检员将衣物筐摆放至传送带上，未能注意轻拿轻放，引起乘客不满。何女士随即提醒安检员注意操作力度，但安检员却以“你的东西太沉了”为由回答了乘客。乘客对此情况进行了投诉。

资料来源：康浩. 安检案例分析[R/OL]. https://max.book118.com/html/2021/0105/5324021144003103.shtm.(2021-01-05)[2021-02-15].

问题与思考

（1）以上三个投诉案例中的安检员在工作过程中存在哪些失误？

（2）请你从沟通的角度说一说三位安检员在服务乘客的过程中有什么不妥之处，应该如何改善？

拓展训练

一、选择题

1. 当乘客来到柜台时，该航班已经关闸(CI)，值机员应如何给乘客解释？（　　）

   A. 不好意思，先生，这个航班你是坐不上了，自己退改签吧！

   B. 很抱歉，先生，您来晚了，系统关闭了，没办法办理手续。我已经向后台的工作人员申请过了，实在是不行，不好意思。

   C. 不能办，不要问了。

   D. 先生，能办我会不帮你办吗？真的不能办，你自己联系退改签吧！

2. 乘客：“不好意思，我孩子的户口本放在行李箱里一起托运了，能帮我拿出来一下吗？”值机员应如何回复乘客？（　　）

   A. 不好意思，行李进去了，拿不了。

   B. 麻烦您稍等，请把您的登机牌给我看一下。取行李需要稍等十几分钟，您可以到对面先坐一下，行李拿上来我再叫您。

   C. 去公安那办一个临时身份证，不要拿了，行李进去拿不了。

   D. 这个不符合我们的规定，不好意思，没办法办理。

3. 以下哪个选项属于服务忌语。（　　）

   A. 我帮您查一下您的客票情况，然后再帮您协调一下其他航空公司的情况。

   B. 请您在××区域联系我们的工作人员，为您解答这个问题。

   C. 请稍等，我请值班主任出来为您处理。

   D. 那你去投诉吧。你打我试试。

4. 如果行李箱在值机柜台托运时造成不必要的损坏，应避免使用何种服务忌语。（　　）

   A. 好多人的行李都坏了，你自己箱子质量这么差，你箱子的价格××元最多了/一看就是假的。

   B. 赔偿的话，通常需要您提供购买的发票、序列号等能证明箱子价值的凭证。

   C. 不好意思，先生，您这个行李托运前破损了，请您签一下这个免责条，如果行李运输途中损坏，需要责任自负。

   D. 先生，行李箱这个位置有划痕，需要您签一下免责声明，如果运输途中有什么问题的话，还是需要自己负责的。

5. 关于航班延误，避免向乘客使用何种解释。（　　）

A. 不同的航司、机型等起飞标准都不一定相同，请您再耐心等候一下，我们如收到消息会第一时间进行广播。

B. 抱歉，目前没有收到信息，我们会持续关注相关信息/向上级反馈，一旦有确切消息，请留意 30 分钟系统广播。

C. 抱歉，目前还没有收到信息，请稍等我再联系下××部门帮您确认一下。

D. 你信息不准的，我们信息最准的，你朋友骗你的！

6. 当遇到天气问题造成的航班延误时，应避免使用何种服务忌语。（　　）

A. 非常抱歉，根据民航局规定，由于天气、流控等非航司原因，造成航班延误或者取消，航司无法进行补偿，如您有需要，可在航空公司官网申请航班延误取消证明。

B. 非常抱歉，根据公司规定，……，请您理解。

C. 麻烦您留下清晰字迹，证明你自己不坐这个航班的，后续有什么问题与我们无关。

D. 我明白您的心情，但非常抱歉，航班流控/天气等原因延误或者取消，是属于非航空公司原因，请您理解。

7. 当遇到天气问题造成的航班延误时，应避免使用何种服务忌语。（　　）

A. 你要投诉，我也没办法。/谁跟你说有赔偿的，非航空公司原因延误肯定没钱赔的。

B. 不好意思，先生，天气原因是无法控制的因素，请您耐心稍候，有什么新消息我们会通知您。

C. 具体延误时间暂时还不清楚，请在附近先坐一下，稍等一下。

D. 由于天气问题，起飞时间暂时无法确定，如果需要退改签的话，我帮您取消值机。

8. 遇到跟乘客发生冲突的状况时，应避免使用服务忌语。以下哪项不属于服务忌语。（　　）

A. 您可以留存照片、视频作为相关凭证，但是在传播过程中我保留个人相关权利。

B. 只有两天后的航班，你自己想要不要，快点考虑，不要耽误后面的人。

C. 有本事你试一下打我看看？

D. 谁让你拍照了，马上给我删了，不然我报警。

9. 在柜台向乘客解释情况时，尽量避免使用不可控的承诺语言，以下哪项属于不可控承诺。（　　）

A. 您先过去，到了中转站会帮您解决；您赶紧进隔离区，到了登机口给您提供××。

B. 我把我的电话给您，您到那边不行再联系我。

C. 有什么你联系当地的××，我的朋友，会帮你处理的。

D. 先生，这个后续的风险，需要您自己承担，您需要自己考虑一下，因为后续航班以及对方机场的操作，我们是无法控制的，所以不好意思，如果您考虑好的话，我就先帮您办。

10. 乘客行李超重需要收费时，应注意避免使用何种服务忌语向乘客解说。（　　）

A. 扔掉点不重要的/带那么多干什么，出去不能买吗？比超重费还便宜。

B. 你找个朋友帮你托一下。/你把大衣穿身上，进了安检再脱下来。

C. 你把钱给同机的乘客，用一下他们的行李额呗。

D. 仅给乘客提供合适的建议,如邮寄回家、请朋友带回家等。

11. 与乘客交流解释时,应注意避免何种服务忌语。(　　)

A. 目前我们尚未收到具体备降原因,请您稍等,我再确认一下有无最新航班信息。

B. 没有车去虹桥的,你自己打车吧,有问题打 95530 投诉去。

C. ××航空公司真的是垃圾航空,我们自己也不坐,建议你改签吧!

D. 非常抱歉,根据民航局规定,由于天气这类非航司原因造成航班备降,航司无法进行补偿,如您有需要,可在航空公司官网申请相关证明。

12. 对于处理××航空不愿意付款托运乘客的问题时,应该如何做?(　　)

A. 你自己买票的时候没注意有没有行李额的吗?现在就是没有,你要付费才可以托运。

B. 不好意思,先生,由于您买票的时候购买没有行李额的票,如果您现在需要托运的话,要另外付费托运。

C. 你自己买的票,你问我,我怎么知道?

D. 先收拾一点衣服或者容易随身携带的物品,减轻重量,这样就可以减少付费金额。

13. 当乘客因晚到而无法成行时,应避免使用何种服务忌语。(　　)

A. 不好意思,先生,该航班已经关闸了,您来晚了,我马上为您申请一下,看能不能走。

B. 谁让你来那么晚,肯定不让你走。

C. 每个人都说自己塞车,有重要的事情,那你来早一点啊,飞机不等人的。

D. 很抱歉,先生,实在是办不了,我已经帮您申请过了,真的没办法了,对不起,不好意思。

14. 关于冲突处理何种语气和用语是避免使用的。(　　)

A. 您可以留存照片、视频作为相关凭证,但是在传播过程中我保留个人相关权利。

B. 您可以在旁边考虑一下。您确认选择方案后,尽快找我帮您安排。

C. 领导我联系不到的,这里我最大,有什么你跟我说。

D. 排队啊,黄线后面排队,没看到黄线吗?

二、情景模拟

面对以下民航服务场景,你会如何沟通?

1. 在出发厅一楼 20 号门问询柜台,你遇到一位行色匆忙的乘客,拿着一个礼品盒从 23 号门跑来,询问打火机快递寄不走怎么办。乘客表示这个打火机对他有很大的纪念意义,但航班马上就要登机了。作为问询员,此时的你应该如何回应?

____

____

____

2. 当你在值通宵岗时,发现一位看起来很无措的乘客。作为问询员,此时的你应该怎么说,怎么做?

____

____

____

3. 一位女士急匆匆地来到问询台寻求帮助，表示自己带了一瓶防晒喷雾，被安检拦了下来，在询问了航空快递以及超规行李都得到不能带的答案后找到了问询柜台。乘客并不理解为什么不能带，情绪比较激动。作为问询台，此时的你应该如何回应？

____

____

____

课外阅读

触龙说赵太后

（西汉）刘　向

赵太后新用事，秦急攻之。赵氏求救于齐。齐曰："必以长安君为质，兵乃出。"太后不肯，大臣强谏。太后明谓左右："有复言令长安君为质者，老妇必唾其面！"

左师触龙言愿见太后。太后盛气而揖之。入而徐趋，至而自谢，曰："老臣病足，曾不能疾走，不得见久矣，窃自恕。而恐太后玉体之有所郄也，故愿望见太后。"太后曰："老妇恃辇而行。"曰："日食饮得无衰乎？"曰："恃粥耳。"曰："老臣今者殊不欲食，乃自强步，日三四里，少益耆食，和于身也。"太后曰："老妇不能。"太后之色少解。

左师公曰："老臣贱息舒祺，最少，不肖，而臣衰，窃爱怜之，愿令得补黑衣之数，以卫王宫。没死以闻！"太后曰："敬诺。年几何矣？"对曰："十五岁矣。虽少，愿及未填沟壑而托之。"太后曰："丈夫亦爱怜其少子乎？"对曰："甚于妇人。"太后笑曰："妇人异甚！"对曰："老臣窃以为媪之爱燕后，贤于长安君。"曰："君过矣，不若长安君之甚。"左师公曰："父母之爱子，则为之计深远。媪之送燕后也，持其踵，为之泣，念悲其远也，亦哀之矣。已行，非弗思也，祭祀必祝之，祝曰：'必勿使反。'岂非计久长、有子孙相继为王也哉？"太后曰："然。"

左师公曰："今三世以前，至于赵之为赵，赵王之子孙侯，其继有在者乎？"曰："无有。"曰："微独赵，诸侯有在者乎？"曰："老妇不闻也。""此其近者祸及身，岂人主之子孙则必不善哉？位尊而无功，奉厚而无劳，而挟重器多也。今媪尊长安君之位，而封之以膏腴之地，多予之重器，而不及今令有功于国，一旦山陵崩，长安君何以自托于赵？老臣以媪为长安君计短也。故以为其爱不若燕后。"太后曰："诺。恣君之所使之。"于是为长安君约车百乘，质与齐，齐兵乃出。

子义闻之，曰："人主之子也，骨肉之亲也，犹不能恃无动之尊，无劳之奉，而守金玉之重也，而况人臣乎？"

资料来源：徐中玉. 中国古典文学精品普及读本：先秦两汉散文[M]. 广州：广东人民出版社，2019.

文章提示：本文是《战国策》中的名篇。赵国形势危急，向齐国求援。齐国一定要赵太后的小儿子长安君为人质，才肯出兵。赵太后溺爱长安君，执意不肯，致使国家危机日深。本文写的就是在强敌压境、赵太后又严厉拒谏的危急形势下，触龙因势利导，以柔克刚，用"爱子则为之计深远"的道理，说服赵太后，以解除国家危难的故事。

问题与思考

触龙利用了哪些沟通技巧说服赵太后同意其爱子出质于齐换取救兵的？

第五章 客舱服务的沟通技巧

学习目标

(1) 明确客舱服务的流程及具体内容。
(2) 掌握客舱语言及非语言沟通技巧。
(3) 掌握常见服务情境的沟通话术以及规范用语。
(4) 掌握客舱播音要求及技巧。
(5) 运用所学知识灵活处理现实客舱服务中的沟通危机。

第一节 客舱语言沟通技巧

案例导入

夜航中刺耳的声音

某通宵航班起飞时,由于客舱内温度偏低,54J 座女士按呼唤铃想再要一条毛毯,乘务员告知她毛毯已发放完毕,飞机起飞后客舱温度会调高。该女士便起身,准备拿放在行李架内的衣物穿上。刚打开行李架,就听到后舱女乘务员大声告知:“现在是起飞状态,快坐下来,行李架关掉。”由于是夜航,客舱内比较安静,随着乘务员的喊叫,周围人的目光都聚集到了该女士身上,她带着生气又尴尬的心情赶紧坐下。飞机平飞后,这名女士去后舱上卫生间,刚好听见后舱一名女乘务员和别的乘务员说:“这么多毛毯怎么都没了,是不是被别人偷了?”飞机落地时,乘客询问了该名女乘务员的工号和姓名,随即进行了投诉。

资料来源:徐霞.客舱服务典型案例汇编[G].上海:上海民航职业技术学院,2019.

问题与思考

(1) 案例中的乘务员在服务过程中存在哪些问题?
(2) 如果你是本次航班的客舱服务人员,你会如何与这位乘客进行沟通?

一、客舱服务内容

客舱服务的基本内容就是乘客必须享受的、具有一定标准与规范的服务内容。它是乘客从乘机到离开飞机所接受的服务。这种服务是乘客具有的基本权利，也是航空公司的基本义务。从客舱服务的阶段与服务功能出发，客舱的基本服务内容应该包括如下几个方面。

（一）面对乘客的地面服务内容

（1）迎宾。迎宾是直接服务于乘客的第一步，是用形体语言表达对乘客的敬意与欢迎，表现在空乘人员需要按规范的礼仪要求，以饱满、热情、主动的精神状态，迎接每位乘客的登机。它传递着航空公司对乘客的态度，体现着乘客的价值。印象深刻的迎宾过程，会对乘客的视觉产生强烈的冲击，给乘客留下良好的心理感受，激发出享受愉快旅行的美好期待，对后续服务的顺利进行奠定重要的基础。

（2）问候。问候与迎宾是直接为乘客服务的孪生环节，共同表达对登机乘客的敬意与欢迎，问候也是乘客接受的第一句有声语言的服务，它用真诚、温馨、甜美的语言表达对乘客的欢迎。“欢迎您乘机！”这一句简单的问候，会通过听觉暗示“我们的旅程开始了，我们会守护在您的身边！”

（3）安排座位与核对。航班客舱狭小，乘客登机比较集中，不同航空公司、不同机型的座位安排大不相同，所以找对座位对乘客来说就显得尤为重要。对所有的乘客而言，无论是首次乘坐飞机的乘客，还是经常乘坐飞机的老乘客，都需要给予座位位置的指导与帮助，以提高运输效率。舱门迎宾乘务员要及时指明座位所在的通道（包括单、双通道飞机）；客舱内不同号位的乘务员更要主动、及时、周到、快速地为乘客指点座位，同时协助对乘客随身携带行李物品进行安置。热情高效的座位指引可以疏通过道，避免拥堵和麻烦，保证在规定时间内完成乘客登机，也可以避免给后续乘客带来不好的感知和引起航班延误。

（4）送客。送客是在航班抵达目的地后，乘客离开飞机时的送别礼仪，一声“再见，请慢走，欢迎下次乘坐本次航班”，表达了航空公司对乘客的谢意与对乘客再次光顾的邀请，也标志着航班乘务员对乘客直接服务的结束，是完美服务的标志之一。服务是个过程，送客尽管是瞬间之事，但意味深长，是前序服务的延续，也是新的服务的起始。

（二）飞行中的服务内容

飞机起飞后，要按照服务规范向乘客提供相关的服务，具体包括以下内容。

（1）客舱巡视。客舱巡视是飞行阶段例行的服务工作，其内容包括以下几方面。与乘客的沟通，包括向乘客主动介绍航线信息及到达时间、天气、温度；征求乘客对餐饮服务的意见，认真听取、记录好乘客对服务提出的意见和建议，并表示感谢；及时了解乘客的需求并进行处理；及时应对乘客呼唤铃的需求；正确回答乘客问询；帮助乘客交换书报杂志。

（2）客舱广播。客舱广播是按照客舱服务时间、服务顺序、安全管理程序等安排播出的，在即将进行的服务或服务状况处置前及时完成通知，使乘客了解后续的服务内容，以便更好地与机组配合。播音时要做到层次结构清晰、条理清楚，必须从具体的服务和安全管理入手，进行深入细致的分析。客舱广播质量的优劣是体现空中服务水平高低的重要组成部分，直接影响着乘客的乘机感受和客舱的服务品牌形象。

（3）餐食服务。餐食服务是目前正常航班的基本服务内容（除低成本航空外），也是服务特色的体现。提高餐食服务质量，是吸引乘客、提高竞争力的有效手段之一。工作人员应按照服务规范向乘客提供餐饮服务，包括提供洗面巾、饮料、酒水、餐食；对特殊的乘客提供特殊餐食。依舱位（头等舱、经济舱、公务舱）不同，航程长短不同，时间不同，提供的餐饮服务内容各不相同，由专门的乘务员负责。

（三）安全服务

客舱安全示范和检查服务，一般在乘客安放好行李、坐好后进行，外场乘务员要进行客舱安全示范，进行安全检查，对乘客做出安全提醒。

（四）救助服务

客舱救助服务主要包括以下内容。

1．乘客安抚

对乘机过程出现恐慌、畏惧的乘客提供心理服务，像亲人一样关怀开导，并提供有益的帮助，使其平安到达目的地。

2．机上医务急救

对于因乘坐飞机而出现不适的乘客，工作人员要为其提供缓解症状的办法或为其提供药物；对有传染病的乘客，进行隔离或者做特殊处理；对旧病复发或突发疾病的乘客进行紧急救助。

3．特殊救助

对乘客登机后出现的非常情况或困难给予特殊救助，如登机前事情的延续处理、物品丢失、下机后的延续问题等。

4．娱乐服务

娱乐服务是指为乘客提供报纸、刊物、视听等娱乐性服务，使乘客轻松愉快地完成旅程。

5．咨询服务

咨询服务即回答乘客关心的各种问题，如航线地理、旅行常识、航空知识（如所乘坐飞机的机型特点等）、目的地的情况等。

6．乘客管理

即通过实施有效的乘客管理，保证整个航程乘客的人身与财产安全，使乘客感觉放心、顺心、舒心，路途无忧。这里也包括对需要特殊帮助服务的乘客、伤残乘客的处理等。

7．应急处置

应急处置就是发生紧急情况时，在机长的指挥下，迅速采取处置措施，消除各种隐患。如应急撤离、火灾、客舱释压、应急求救、危险品处理、客舱排烟等。

二、客舱语言沟通技巧介绍

（一）善于观察，预判乘客潜性需求

在日常工作中，乘务员应培养良好的观察力与判断力，养成勤于观察、善于观察的工作习惯。观察乘客的举止表情、生活习惯、隐性需求及客舱动态，并做出准确的判断。对乘客有求必应、有问必答是乘务员工作的最低标准，更高的服务标准应该是乘务员有着强烈的服务意识，用心服务，学会利用各种资源与途径去发现乘客的潜在需求，以快速的服务反应、“此时无声胜有声”的服务方式给乘客带去惊喜。如以下这段场景对话。

场景：上海—广州的航班正在登机中，迎面走来一名超胖的乘客。

乘务员："您好，欢迎登机，我来为您确认一下座位。"

乘客A："噢，好的，谢谢！"

乘务员："您的座位56L，在客舱的最后一排左手靠窗座位。如果需要的话，我一会儿为您送一条加长安全带，您可以先试一下原位上的安全带是否合适。"

乘客A："好的，非常感谢。"

这位乘务员在乘客登机过程中，不仅做到主动热情地问候乘客，还及时关注到了乘客的特殊身形给其出行带来的不便之处，预判其可能有更换安全带的需求。此外，为乘客提供帮助时，率先征询了乘客本人的意见，通过乘客的反馈了解其意愿倾向，没有将自己的想法强行安排给乘客，体现出周全细微的服务态度和意识。

（二）耐心提示，不可得理不饶人

乘务员经过严格的训练，对机上安全规章熟悉，但部分乘客并不了解。乘务员应细致耐心、条理清晰地向乘客介绍客舱环境、客舱设备和客舱安全要求等内容。不应该把安全规定当作理由而忽视职业素养，用过激的情绪命令、呵斥乘客，造成乘客的心理不适。只有耐心细致地解答，站在乘客的角度上回答问题，利用语言魅力和沟通技巧，才能更好地为乘客答疑解惑。

案例 5-1

安全规定要坚守，乘客需求须考虑

某航班基本满员，乘客登机阶段，一怀抱婴儿的女士来到后舱，询问机上有没有可以喂奶的地方。乘务员便马上引导她进入有婴儿更换尿布操作板的洗手间。乘务组在进行起飞前安全检查时，发现这位女士没有出来，仍在洗手间内，便敲门提醒她尽快回座位。没想到该女士说自己还没喂好奶，并提出在飞机起飞过程中，她留在洗手间内继续喂奶。乘务员马上向该女士解释了飞机起飞的相关安全规定，并建议她用毛毯遮挡着进行喂奶。该女士欣然接受了乘务员的建议，快速回到了座位。

资料来源：徐霞. 客舱服务典型案例汇编[G]. 上海：上海民航职业技术学院，2019.

案例启示：安全是航空公司最基础的服务。在乘机过程中，有些乘客会将关注点放在自己的个性需求上，而不理解航空飞行安全的相关规则。遇到此类情况，乘务员要尽可能地向乘客解释好机上的安全规则，并考虑到乘客的实际情况和感受，利用机上可用资源，为乘客提供个性化的保障。

（三）不简单回绝，挖掘背后的真实诉求

乘务员在为乘客服务的过程中，经常会遇到乘客提出各种各样的要求和条件，当乘客提出不寻常或无法直接满足的需求时，不要直接简单回绝，应试图探询背后的原因。比如，当头等舱有位女士在点餐时对你说："我要五分熟的牛排。"面对这个不寻常且无法真正实现的需求时，多数乘务员会选择态度诚恳地向女士陈述事实："女士，您好，我们机上的牛排都是半成品，所以恐怕没法像地面餐厅那样制作牛排，请您见谅。"

虽然乘务员的举止彬彬有礼，理由也是有理有据，但是乘客的需求被完全回绝，乘客只

能遗憾地完成本次行程。“五分熟”牛排，看似不寻常的需求背后实则是更深层次的诉求内涵。此时乘务员应面带微笑，继续轻声问：“您指的五分熟是想要嫩一点的牛排，是吗？”女士：“是的，嫩一点。”至此，乘客诉求重新回到了可控可处理的范畴内，乘务员应按照规范积极响应，妥善做好后续服务工作。

（四）主动征询，表达积极服务意愿

客舱服务中，乘务员要及时观察乘客的形体语言和实际需求，如看到乘客东张西望、招手示意或从座位站立起时，乘务员要做好征求意见或询问的服务工作。常用的征询语有“先生/女士，请问我能为您做点什么？”“先生/女士，请问您还有什么吩咐？”在完成对乘客的服务后，可以用“这样可不可以？”“您还满意吗？”这类的征询语进行确定，从而使服务工作更加圆满。有时乘客出于担心物品遗失或便于拿取物品等方面的考虑，不愿意将购物袋放到行李架上。为了飞行安全，我们必须说服乘客合理安置行李，可通过征询的口吻来劝服乘客配合服务工作。如“女士，我们的飞机马上就要起飞了。您看看这些购物袋里有什么东西是待会儿要用的吗？”“那我为您把这些购物袋收到行李架上好吗？不然飞行中万一出现颠簸，袋子里的东西可能会掉出来。”“您的购物袋已经在行李架上放好了。如果在飞行途中您需要拿取物品，可以随时告诉我，我很乐意为您效劳。”面对特殊乘客，如无陪儿童等，更需要乘务员选择恰当的语气主动进行征询服务。在首次接触时可以说，“小朋友，你好啊！跟我来。”“身份证/护照装好了吗？”“哦，你叫××，我可以叫你××吗？”在整个航程中，乘务员应全程关注儿童，特别是遇有颠簸其需要使用洗手间时，以及餐饮服务的全过程。如“××，想去洗手间吗？马上洗手间就要关闭了。”“我带你去好吗？”乘务员要通过观察和沟通建立与乘客良好的情感交流，确保满足乘客的心理和生理需求。当乘务员在客舱中表达积极服务意愿时，不仅当事人能够感觉到，周围的乘客也能够感受到乘务员的用心和真情。

（五）持续安抚，灵活选择替代方案

客舱公共服务用品资源有限，无法满足全部乘客需求，这是客舱服务中经常会遇到的问题。如何有效进行沟通安抚，避免引起乘客情绪不满是一个难题。例如，一位身体瘦弱的老年乘客叫住正在进行起飞前安全检查的乘务员，表达自己需要毛毯的诉求，但此时毛毯已经全部发完，乘务员应该如何回应？是简单的回复“对不起，毛毯发完了”，还是在乘客提出把客舱温度调高一点的请求时，仍然只能重复“很抱歉，我们的飞机接地面气源，现在无法调节”之类的话语。无论是前者或是后者，都将乘客的需求拒之门外。真诚地致歉固然要有，但它只是安抚过程中的第一步，客舱服务的安抚补救应该是持续式的。第一步，真诚致歉，可表达为“阿姨，实在不好意思，我们已经在前后舱都找过，毛毯目前全部发完了”。第二步，寻找可行的替代方案并积极安抚，可表达为“飞机马上就要起飞了，我先把我的外套拿来，您先盖上。起飞后，我再帮您想办法借一条。我们也和机长沟通过，调高了客舱温度，您先休息一下，一会儿就会暖和起来了，您看可以吗？”。第三步，快速响应，做出实际行动，将外套及时拿给乘客。第四步，在巡舱时密切关注乘客动态，询问乘客“稍微暖和一点了吗？如有其他需要，可以直接叫我”等。面对同样的状况，有些乘务员缺乏经验而手忙脚乱，也有乘务员处理得井然有序，遇到此类情况，要多站在乘客的角度思考问题，要有“过程”意识。当无法满足乘客的需要时，要让乘客首先感受到诚意，同时要以“同理心”为乘客提供“过程满意”的服务。通过耐心细致的安抚，客舱资源的灵活运用，解决服务难题。

三、客舱非语言沟通技巧

乘务员除了可以运用语言与乘客进行面对面表达，还可以通过非语言、非语言与语言结合的方式抓住乘客的注意力并正确解释自己所掌握的信息。

（一）手势动作

当乘客登机完毕、放置好行李、找到座位后，乘务员要对乘客进行安全设施演示。乘务员对乘客进行安全设施演示的方式是：乘务员通过机上广播系统，用两种以上的语言对乘客进行安全设施及使用方法的介绍，同时，在每个舱区至少有一名乘务员根据广播词的内容，用非言语的方式对乘客进行安全设施演示。这些非言语方式对广播词的内容起到解释和演示作用。常见的工作手势动作如下。

（1）指示、介绍手势。介绍客人、为服务对象指示方向时，应该上身稍向前倾，以示敬重，把手臂伸平，手指自然并拢，拇指自然稍稍分开，掌心向上，手掌与地面成45°，手腕伸直，使手与小臂成一直线，肘关节自然弯曲，以肘关节为轴，指示方向、介绍他人。

自我介绍或谈到自己时，应用手掌轻按自己的左胸。这种手势不仅被人认为是诚恳、恭敬、有礼貌的，而且会显得端庄、大方、可信。

（2）引领手势。在各种社交场合都离不开引领的动作，主要动作有横摆式、曲臂式、双臂横摆、高位式、低位式等。

（3）挥手。通过手臂的挥动来表情达意，属于情意性手势，可表达的含义非常丰富。

① 打招呼。向远距离的人打招呼时，伸出右手，右胳膊伸直高举，掌心朝着对方，轻轻摆动。不可向上级或长辈招手。

② 致意。面向对方，掌心向外，手臂轻缓地自下而上伸起。当乘务员正忙于工作而又看见熟人无暇分身时，向其举手致意，以消除对方的被冷落感。

③ 告别。挥手道别时身体站直，目送对方，双手或单手上举，指尖朝上，掌心向外，左右挥动。

（4）递接物品。我们与人交谈时，常常需要递接文件、名片等，递接物品时应尽量使用双手，不方便双手并用时，要采用右手。轻拿轻放，稳稳妥妥，避免东西从手中滑落。若和对方有一定的距离，递送时，要主动接近对方，并将其直接送到对方的手中。在递送笔、刀剪之类尖利的物品时，要将尖头朝向自己，或朝向对方；书刊等文字材料，应将文字正面面对对方。递送物品时，要为对方留出便于接取的地方，手势要自然，幅度不宜太大。

（二）发饰和服饰

航空公司着力打造乘务员的外在形象。从发式、头发长短、发饰，面部化妆，制服穿着到服饰搭配，都有具体的要求和明确的规定。有的航空公司为了给乘客留下独特的印象，还为其乘务员制作了具有当地民族特色的民族服装。乘客从登机到离机的整个飞行过程中，服装这种无声的语言给乘客带来一种美感，显示出高贵、典雅、大方、得体的服饰文化，让乘客流连忘返、印象深刻。

（三）微笑

乘务工作中，乘务员面部表情中最动人、最有魅力的是微笑。微笑具有天然的吸引力，它能使人相亲、相悦、相近，能有效地缩短彼此间的心理距离，形成融洽的交往气氛，使相互

间的关系具有亲切感。真正的微笑服务并非机械化地展示笑容，而是由内而外、真诚地让乘客感受到亲和力的微笑。客舱服务过程中，难免会遇到心情不佳、说话难听的乘客，微笑是一种礼貌和涵养的表现，空乘的微笑能有效地缩短与乘客之间的心理距离，打破隔阂。微笑传递着友好、愉悦等积极向上的内容。通过微笑渲染客舱工作氛围，展现出真诚服务的魅力，可以彰显航空公司的综合服务能力。

提供微笑服务并非一蹴而就，微笑是需要练习的，通过微笑训练，可以更加职业化。在日常生活中，学会管理面部表情。放松自己的心态，遇到高兴的事情，不要让兴奋的表情流露于外表；遇到情绪低落的事情时，也不要频繁皱眉。在平时的生活或工作中，若感到焦躁不安，就可以用自己的双手，抚摸自己左右两半部分的脸庞，对着镜子多尝试微笑，使表情变得从容起来，保持一颗平常心去对待生活中的各种事情。

案例 5-2

十二次微笑

飞机起飞前，一位乘客请求空姐给他倒一杯水吃药。空姐很有礼貌地说："先生，为了您的安全，请稍等片刻，等飞机进入平稳飞行后，我会立刻把水给您送过来，好吗？"

15 分钟后，飞机早已进入了平稳飞行的状态。突然，乘客服务铃急促地响了起来，空姐猛然意识到：糟了，由于太忙，她忘记给那位乘客倒水了！当空姐来到客舱，看见按响服务铃的果然是刚才那位乘客。她小心翼翼地把水送到那位乘客跟前，面带微笑地说："先生，实在对不起，由于我的疏忽，延误了您吃药的时间，我感到非常抱歉。"这位乘客抬起左手，指着手表说道："怎么回事，有你这样服务的吗？"空姐手里端着水，心里感到很委屈，但是无论她怎么解释，这位挑剔的乘客都不肯原谅她的疏忽。

接下来的飞行途中，为了补偿自己的过失，每次去客舱给乘客服务时，空姐都会特意走到那位乘客面前，面带微笑地询问他是否需要水或者别的什么帮助。然而，那位乘客余怒未消，摆出一副不合作的样子，并不理会空姐。

临到目的地前，那位乘客要求空姐把留言本给他送过去，很显然，他要投诉这名空姐。此时空姐心里虽然很委屈，但是仍然不失职业道德，显得非常有礼貌，而且面带微笑地说道："先生，请允许我再次向您表示真诚的歉意，无论您提出什么意见，我都将欣然接受！"那位乘客脸色一紧，嘴巴准备说什么，可是却没有开口，他接过留言本，开始在本子上写了起来。

等到飞机安全降落，所有的乘客陆续离开后，空姐打开留言本，却惊奇地发现，那位乘客在本子上写下的并不是投诉信，相反，是一封热情洋溢的表扬信。在信中，空姐读到了这样一句话："在整个过程中，你表现出的真诚歉意，特别是你的十二次微笑深深打动了我，使我最终决定将投诉信写成表扬信！你的服务质量很高，下次如果有机会，我还将乘坐你们的航班！"

资料来源：全益燕. 教学案例：以详略得当法品《十二次微笑》[J]. 中外交流，2019.

案例启示：微笑就如同阳光雨露，润物细无声，航空服务人员一直以来践行的服务理念就是以真诚的微笑为纽带，心系每位乘客，为乘客打造愉悦的全流程乘机体验。

（四）眼神

在客舱服务过程中，交谈时眼睛尽量看着对方，这是对他人的一种尊重。通过与乘客眼神交流,可以表达出自己的想法,给对方一种亲切感。当与乘客面对面进行交流时,过度的东张西望,说明没有在认真聆听,同时也会影响到对方的思维。通过主动用眼神交流,可以提升客舱沟通的效率;也可以给乘客留下一种礼貌谦和的感觉。因此,在客舱服务时,可以尝试主动与乘客通过眼神来交流,但切忌过于频繁。如何提高眼神交流技巧,提升客舱服务质量?

学会"目中有人"。当对方说话时,乘务人员要与对方有眼神接触,互相尊重是沟通交流的前提。保持目光与语言的一致性。在向乘客问候、致意和道别时,皆应用柔和的目光去注视对方,以示尊敬和礼貌;交谈时,要使用适当动作示意以表示在专心倾听,但注意不要在对方表达悲伤或愤怒情绪时投以笑意的眼神。

变通眼神交流的方式。若交谈时间较长,乘务人员的眼神应有所"转移",但不要在对方全身游离或试图盯住一个部位,如果一直盯着乘客会使其感到不自在;也不要眼珠转来转去、上下打量别人,上下打量意味着挑剔和审核。要学会用眼神与乘客交流,这种交流可以直达乘客内心深处、架起理解的"桥梁",可以让空乘人员在客舱服务工作中事半功倍。

案例 5-3

曾国藩的识人术

某天,有新来的三位幕僚拜见曾国藩,见面寒暄之后退出大帐。有人问曾国藩对此三人的看法。曾国藩说:"第一人,态度温顺,目光低垂,拘谨有余,小心翼翼,乃一小心谨慎之人,是适于做文书工作的。第二人,能言善辩,目光灵动,但说话时左顾右盼,神色不端,乃属机巧狡诈之辈,不可重用。唯有这第三人,气宇轩昂,声若洪钟,目光凛然,有不可侵犯之气,乃一忠直勇毅的君子,有大将的风度,其将来的成就不可限量,只是性格过于刚直,有偏激暴躁的倾向,如不注意,可能会在战场上遭到不测的命运。"这第三者便是日后立下赫赫战功的大将罗泽南,后来他在一次战争中中弹身亡。

资料来源:欧阳彦之.讲原则,守规矩:细品曾国藩,慢读胡雪岩[M].北京:台海出版社,2016.

案例启示:在民航服务链中,客舱服务质量需要从多方面考虑,其评估是在服务传递过程中进行的。客舱过道狭窄,而环境的狭小,带来的是服务细节被放大。因此,在客舱服务过程中,乘务人员的眼神等非语言沟通尤为重要。

第二节　客舱服务沟通话术

案例导入

航班延误引不满,巧用典故化矛盾

由于天气原因,某航班备降长沙机场,造成长时间延误。客舱里有一位 VIP 客人张先生有一个重要的合同赶着去签署,因为航班延误而焦躁不已,并声称"一定要登报,让记者曝光你们的衔接服务"。这时乘务员看到张先生正在看一本关于《红楼梦》的书,便对张先生说:"一把辛酸泪,满纸荒唐言,都云作者痴,谁解其中味?我也很爱看《红楼梦》,其实在我们的

工作中常有同感，当天气的原因造成航班延误时，乘务员无法掌握许多因素，却往往要承受许多无端指责，谁解其中滋味？”听她说完，乘客放下正在阅读的《红楼梦诗词解析》，仿佛被魔棒点中，竟然温和了许多，说道：“你也是红学迷？你真是冰雪聪明，竟然引用曹雪芹的一首诗来说服我。”此后张先生态度大转变，甚至站在乘务员的立场，帮乘务组给那些起哄的乘客做起了解释工作。客舱的不安情绪逐渐得到了平息。

资料来源：陈新年.坚持“以客为尊”理念的空中乘务长 用细致服务打动每位乘客[R/OL]. http://www.zhxc.gov.cn/wmcj/wmfc/201905/t20190509_53887154.html.(2019-05-09)[2021-02-17].

问题与思考

(1) 在此案例中，乘务长是如何通过语言化解乘客的不满情绪的？

(2) 当遇到飞机延误的服务情境，客舱服务人员应怎样进行有效沟通？

一、常见服务情境的沟通话术

(一) 迎客阶段

情景一：主动迎接乘客并问好。

服务要点：十步微笑，五步问候。主动接过乘客登机牌，引导乘客入座，协助安放行李。

沟通话术：您好，欢迎您登机，您的座位是××，请跟我来，您的行李请放在行李架上。

情景二：迎客时主动帮助老、弱、病、残、孕乘客安放行李。

服务要点：善于发现特殊乘客，主动迎上去帮助他。

沟通话术：您好！欢迎您乘机！我来为您提放行李好吗？请跟我来，不要着急，慢慢走。

情景三：当乘务员在忙于其他服务工作时(如正在协助乘客安放行李)，乘客提出要一杯饮料或是提出其他要求。

服务要点：完成为前一位乘客的服务工作后，立即为后者提供服务。

沟通话术：好的，先生/女士，我马上来。

情景四：大件行李无法承载，需要办理托运，乘客却认为可以放在飞机上，不愿意托运。

服务要点：放低身段，调整姿态，语言谦和，先告诉其原因，并表示歉意。

沟通话术：先生/女士，很抱歉！客舱的行李存储空间十分有限，为了将您的行李安放得更为妥当，我可以请地面工作人员帮您免费办理托运手续，感谢您对我们工作的支持！

情景五：行李架上的行李需要重新调整以方便其他行李的安放，但有乘客不愿意挪动其行李。

服务要点：首先确认是哪位乘客的行李，确认里面没有易碎品，然后当着众人的面和那位乘客沟通。

沟通话术：先生/女士，打扰您了，这里还有个行李需要放到旁边，我可以稍微挪动一下您的包吗？非常感谢您！

情景六：迎客时，一名男性乘客要求你为他放置他的大行李。

服务要点：请乘客协助要面带微笑，表现真诚。

沟通话术：先生/女士，请您协助我，让我们一起放行李吧，谢谢！

情景七：乘客坐错座位。

服务要点：面带微笑，不要有质问的情绪，要客气有礼。

沟通话术：先生/女士，您好！请允许我再次确认一下您的登记牌，好吗？可能位置有错，这里是×排×座，您的座位是×排×座，是这边的位置，我为您把行李拿过去，好吗？

情景八：预定婴儿摇篮。

服务要点：面带微笑，客气有礼。

沟通话术：请问，您是否预定了一个婴儿摇篮？我们会在平飞后为您把摇篮安装好。

情景九：乘客想调换座位，与同行乘客坐在一起，可周围已经没有空位，其他乘客也不愿意换座位，该乘客很不高兴。

服务要点：尽可能让乘客看到你尽心为他调换座位的场景。

沟通话术：先生/女士，很遗憾没有帮您调到朋友旁边，飞行中有需要我们帮助时，请尽管吩咐，很乐意随时为您服务。

（二）安全检查阶段

情景一：乘客想要调换座位，因飞机配平原因，不能满足其要求，乘客不理解，表示很不满。

服务要点：涉及安全问题，沟通时要有理有据，不要过于严肃。

沟通话术：先生/女士，您好！飞机在起飞、下降时必须保持平衡，不能随意调换座位，相信您一定理解这是完全从您的安全角度考虑的，平飞阶段后我会亲自为您调换一个相对舒适的座位，谢谢您对我工作的支持！

情景二：飞行关键阶段乘客连续按动呼唤铃，经确认为服务需求。

服务要点：在确保安全的前提下，要积极回应乘客的呼唤，避免责备的语气，要耐心地解释延迟服务的原因，并积极求得乘客的谅解。

沟通话术：先生/女士，实在太抱歉啦！目前我们的飞机还处于爬升阶段，为了您的安全，我们将暂缓客舱服务，一会儿飞机平飞后，系好安全带灯熄灭时，我会第一时间来为您服务，您看行吗？

情景三：飞行关键阶段乘客要求使用洗手间。

服务要点：微笑劝阻，禁用命令式口吻，可引导乘客就近找空座位坐好，以便及时使用。

沟通话术：非常抱歉！先生/女士，目前飞机刚刚起飞，还处于爬升过程中，为了您的安全，请您先回到座位上坐好/我为您先找个就近的位置坐好，系好安全带，一会儿飞机平飞后，系好安全带灯熄灭时，我们马上开放洗手间让您使用。

情景四：安全检查时，请乘客将随身携带的小件行李放到行李架内或座位下方挡杆里。

服务要点：要协助乘客将小件行李放到行李架内或座位下方的挡杆里。

沟通话术：先生/女士，起飞和下降的阶段，要妥善安放好您的小件行李，这样会让大家处于一个良好的安全环境，您就座时也会比较舒适，我来为您放好吧！

情景五：安全检查时乘客坚持不打开遮阳板。

服务要点：涉及安全问题，沟通时要有理有据，态度柔和亲切，不可使用命令语气，严禁说教。

沟通话术：先生/女士，您好！为了在起飞下降时能够第一时间观察到机舱外的状况，并且在紧急情况下能够帮助您快速地撤离，麻烦您在飞机下降阶段把遮光板全部打开，好

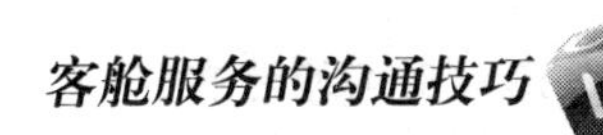

吗？谢谢您的配合！

情景六：安全检查时乘客坚持抱住小件行李物品。

服务要点：涉及安全问题，沟通时要有理有据，态度柔和亲切，不可使用命令语气，严禁说教。

沟通话术：不好意思，先生/女士，打扰一下。飞机就要起飞了，您这样把小包抱在身上很不安全，如果遇到颠簸很有可能砸伤您自己或者您身边的乘客。为了在方便拿取里面的物品，我帮您把它放在前面座位下面的挡杆里。如果您不想放在地上，那么我为您把它放在上方行李架内。请您把包拉链拉好，以免里面的物品滑出。您看好，放在您正上方的行李架里了。谢谢您的配合。

情景七：安全检查期间乘客正在睡觉，其座椅靠背没有调整。

服务要点：可以亲拍乘客的手臂，并轻声唤醒，切忌动作粗鲁，声音过大。

沟通话术：先生/女士，抱歉把您吵醒了。飞机即将起飞/开始降落，我来为您把椅背调直吧，这样可以保护您的腰。同时万一遇到紧急情况，您也可以迅速撤离。谢谢您的配合！

（三）客舱服务

情景一：起飞后乘客觉得温度过高/过低。

服务要点：面带微笑，步伐轻缓，目光积极与乘客接触，善于发现问题并积极征询乘客的感受，感知客舱温度，得到乘客回答后积极做出回应，使乘客感受到服务无处不在。

沟通话术：好的，先生/女士，我会建议乘务长将客舱温度在合理范围内适当调高/调低，相信一会儿您就会感到舒服一些。

情景二：枕头或毛毯已经发放完毕，无法提供给还有需求的乘客，乘客很不满意。

服务要点：即使明知物品已经发完，也不能一口回绝乘客，要回到服务间再次确认，让乘客感受到你在积极为他想办法，然后回到乘客面前，真诚地向乘客致歉并说出自己的建议。

沟通话术：先生/女士，实在抱歉，由于数量有限，毛毯已经发完了。我们会适当调节客舱温度，希望您可以舒服一点，现在，我先为您倒杯水暖暖吧！

情景三：乘客反映机上播放的电影无声音/过小/过大。

服务要点：为乘客调节耳机时，建议面对乘客蹲下，一边调节，以便适当为乘客介绍调节方式。调整好后要请乘客试一下音量是否合适。

沟通话术：好的，先生/女士。我来为您调节，这个是频道按钮（示意），您可以根据喜好自由选择，这个是音量按钮（示意），您现在请试一下，看看音量是否合适？

情景四：飞机满客，乘客所使用的服务设备故障，如阅读灯、耳机、座椅靠背灯无法使用，乘客很不高兴。

服务要点：面带微笑，诚恳向乘客致歉，并积极想办法为乘客解决问题，航程中特别关注乘客所需，做好后续弥补工作。

沟通话术：先生，非常抱歉！这个座椅靠背可能没办法为您调节了，让您感到不舒适，我真的十分抱歉！这是我特别为您准备的小枕头（或毛毯），我为您垫在腰部，会适当让您舒服一些，非常感谢您的谅解！

情景五：飞机上的旅行团非常活跃，其他乘客认为旅行团中的乘客影响其休息，十分不高兴。

服务要点：学会倾听乘客的意见，将乘客的意见委婉地向旅行团乘客表达出来。

沟通话术：先生/女士，打扰您！因为我们的客舱空间相对狭小，而且其他乘客需要休息，建议您说话的音量稍微放低一些，非常感谢您的配合。

情景六：推餐车时不小心碰到正在睡觉的乘客的腿，乘客很不高兴。

服务要点：真诚致歉，并在整个航程中要时刻关注乘客的感受，经常询问乘客的伤势。

沟通话术：先生/女士，实在对不起！不小心撞到了您，是我的疏忽。您的腿怎么样了？有没有好一点？我马上去拿冰块为您冷敷，请您原谅！

情景七：饮料或餐食的配备量/品种没有满足乘客的需求，乘客很不满意。

服务要点：微笑向乘客表示歉意，身体适当前倾，推荐乘客饮用/食用其他品种，对乘客的理解表示感谢。

沟通话术：抱歉，先生/女士，我这辆餐车上的牛肉饭已经发完了，我马上为您去服务间再确认一下，请您稍等片刻。真的很抱歉，先生/女士，我们所有的牛肉饭都发完了，您看(打开包装)，这咖喱鸡肉饭也很不错，荤素搭配营养均衡，建议您试试看。如果您真的不喜欢鸡肉的话，我们机上还备有一份素食餐，是由新鲜的蔬菜搭配米饭做成的，口味非常清淡，您看可以吗？非常感谢您的理解与配合。

情景八：乘客不喜欢餐食口味。

服务要点：主动询问，以此为切入点征询乘客对服务的意见和建议，争取从其他方面得到乘客的认可来弥补这一不足，并全程要对乘客有后续的服务跟进，同时感谢乘客的支持和信任。

沟通话术：先生/女士，您好！我留意到您的餐食用得很少，是不是不合您的口味啊？(不满意)首先，很感谢您的宝贵意见，因为本次提供的餐食比较具有当地的特色，这个吃起来口感会有所不同，口味也会比较清淡/重一点，所以南方/北方的乘客不是特别习惯。一直以来，航空公司都十分关注广大乘客的乘机感受，以此来提高我们的服务质量。所以，您的意见对我们来说真的非常重要，我们也会积极反馈，再次感谢您对航空公司的支持。

情景九：发饮料时，乘客要乘务员收用过的餐盒。

服务要点：如果乘客很着急要收走餐盒，不要拒绝，耐心告知乘客，得到乘客的理解。

沟通话术：先生，请您稍等片刻。目前这台是服务用车，我马上会用专门的餐车为您收餐，谢谢您的配合。

情景十：正在客舱内发餐饮时，乘客要去洗手间或回座位。

服务要点：先对需要发餐饮的乘客示意稍等，同时回身与去洗手间的乘客进行视线交流，切忌对着餐车说话。

沟通话术：先生/女士，我先将餐车推回去，让出空间您先通过。

情景十一：睡觉乘客的服务。

服务要点：及时通报其他组员，航程中保持关注，提供及时的服务。

沟通话术：先生/女士，您好！刚刚您一直在休息，所以没有冒昧打扰您。我们刚刚提供了餐饮服务，我们为您预留了餐食，请问您现在需要用餐吗？请问您喜欢喝点什么吗？好的，我马上为您准备。

情景十二：乘客声称物品在机上遗失。

服务要点：向乘客表达出积极帮助其寻找的态度，并帮他回忆，仔细询问物品的特征等相关问题。

沟通话术：先生/女士，您好！请先不要着急，您的心情我非常理解，请冷静下来仔细回忆一下您最后看到这个物品的位置，并把物品的特征告诉我们，我们会尽力为您寻找，请放心！

情景十三：远程航班，乘客感觉飞行疲劳，不愿意回座位，坚持在服务间内活动。

服务要点：态度诚恳，以劝说、商量的语气为主，避免命令口吻，可以亲切自然地与乘客攀谈，拉近彼此的距离，邀请他喝一杯饮料或提供一条热毛巾，从心理和身体上适当缓解他的旅途疲劳，如在服务间时间过久，出于安全的考虑建议他回到座位上坐好。

沟通话术：先生，长途飞行感觉有点累了吧！（说话同时提供饮料/毛巾，适当谈论轻松的话题，如所在国家的风土人情、天气情况等）。（如需要劝阻乘客归位）由于飞行中经常会出现突然的颠簸，这里可能不能更好地保证您的安全，为了避免对您的身体造成伤害，建议您回到座位上坐好。

情景十四：由于后舱洗手间突发故障，普通舱乘客必须使用头等舱洗手间，可头等舱乘客认为打扰到其休息，很不高兴。

服务要点：由于飞机服务设备故障，站在公司的角度要与头等舱乘客逐一诚恳道歉，尽量取得乘客的同意和谅解。

沟通话术：先生，很抱歉！后舱洗手间突然坏了，目前没有办法使用，后舱的乘客很焦急。想和您商量一下，我们希望可以安排后面的乘客一个一个到前舱来使用洗手间，尽量不影响到您的休息，也请您多包涵！您看可以吗？真心感谢您的理解和宽容！谢谢！

（四）航班延误

情景一：有位乘客已经办理完手续，但未登机，在飞机上等待的乘客意见很大。

服务要点：向乘客解释时要态度诚恳，告知其原因，赢得乘客的谅解和信任。

沟通话术：女士/先生，我们的飞机还有一位乘客没有登机，地面服务人员正在积极寻找/因为其有托运行李，为了安全我们需要找到并卸下他的行李，很抱歉，让您久等了，谢谢您的理解和配合！

情景二：航空管制且没有告知起飞时间，乘客意见很大。

服务要点：随时告知乘客机组人员所付出的努力，并让乘客看到客舱中始终有乘务员在为乘客排忧解难，同时，建议机长进行客舱广播，这一点对安抚乘客情绪十分重要。

沟通话术：女士/先生，由于航空管制原因，我们的飞机正在等待塔台的起飞指令。机组一直在积极地与塔台联络，争取尽快起飞。请您先稍加休息，如果您有任何需要，我们很乐意协助您，谢谢您的理解！

情景三：由于机械故障原因造成航班延误，乘客意见很大。

服务要点：不需要向乘客透露过多机械故障的细节，只要表述我们正在努力排除故障并保证飞机是绝对安全的，树立乘客对航空公司的信心。

沟通话术：女士/先生，很抱歉，由于飞机出现了一些小故障，为确保飞行安全，我们必须对飞机进行检修，地面机务人员正在积极工作，争取时间，您焦急的心情我非常理解，但当安全与服务不能兼顾时，我们会首选安全，希望您能体谅，谢谢您的配合！

情景四：航班延误，地面等待时间较长，其中一位乘客退票，清仓检查，需要所有乘客带好手提行李下机。乘客意见很大，提出异议。

服务要点：乘务员要站在为大家安全着想的角度安抚乘客情绪，但不要表现出命令的姿态，而是请乘客协助。

沟通话术：先生/女士，很抱歉，这样麻烦您我们真的很过意不去，但确保您的安全是我们的首要职责，在确认这位乘客没有任何物品遗留在飞机上后，我们马上请您登机，非常感谢您对我们工作的配合！

（五）落地

情景一：落地后等待摆渡车时间较长，乘客意见很大。

服务要点：进行必要的客舱广播，送乘客时要站在指定区域内向乘客鞠躬致谢、道别。

沟通话术：先生/女士，很抱歉，目前我们正在等待地面摆渡车的到来，请您先在座位上休息一会，摆渡车到了以后我会马上来请您。谢谢！

情景二：乘客询问转机事宜

服务要点：适当带领乘客走到舱门口，并用手势指引乘客地面服务人员所在位置，提醒他与地面服务人员再次确认相关事宜。

沟通话术：先生/女士，您的转机时间比较充足，您可以前往候机楼相关航空公司的中转柜台办理转机手续，如果您有托运行李，我们提醒您，由于您转乘的航空公司不同，所以您需要提取托运行李后再办理转机手续并重新托运，具体事宜您也可以咨询机场工作人员。

二、客舱服务规范用语

（一）登机迎客服务用语

乘客登机时的迎客服务用语如下。

（1）您好！早上好！/中午好！/晚上好！欢迎您登机，见到您很高兴！

（2）很乐意为您服务！

（3）您好，欢迎您的到来！

（4）您好，欢迎您选择××航空公司的班机！

（5）需要我帮您安排座位吗？

（6）您的座位号在行李架下方有亮灯指示/您的座位号码在行李架的边缘处，请您对号入座。

（7）您的行李请有秩序地摆放入行李架内，谢谢！/小件行李可以放入座椅下方靠前位置，谢谢！

（8）先生/女士，您好！请您侧身让身后乘客先过去，以避免客舱通道拥堵。谢谢！（适用机舱通道堵塞时）

（9）先生/女士，请您出示一下登机牌/可以看一下您的登机牌吗？……不好意思，您的座位在×排×座，是前面/后面的座位，您这边请……（适用于乘客坐错座位需要调整时）

（10）为确保飞行安全，保持飞机配载平衡，请您按登机牌上的号码对号入座。（适用于乘客未对号入座时）

（二）延误时（迎客/送客）服务用语

（1）欢迎您/让您久等了/您辛苦了。

(2) 您慢走/感谢您的理解/支持。

(三) 安全检查(起飞/着陆)服务用语

(1) 飞机准备起飞了,请确认您的安全带已经系好。

(2) 先生/女士,请您收起小桌板,谢谢!

(3) 先生/女士,请您调直座椅靠背/您的座椅靠背还有些靠后,我再为您调整一下好吗?谢谢!

(4) 先生/女士,请您关闭手机电源,谢谢!

(5) 先生/女士,请确认您的手机是否关闭。

(6) 先生/女士,请您关闭所有电子设备。

(7) 先生/女士,您好!请您协助我们打开遮光板(适用于靠窗乘客),谢谢!

(8) 先生/女士,您好!请问毛毯可以回收了吗?如果您还需要使用,请您在离机时放在座位上,谢谢!

(四) 头等舱餐饮服务用语

1. 饮料服务

(1) 先生/女士,您好!我们的飞机预计在×点×分到达,现在是×点×分,请问您愿意在什么时候用餐?请问需要喝点什么?(递上饮料单)

(2) 请问您需要加冰吗?(适用于提供冷饮)

(3) 热饮烫口,请您小心!请小心饮用热饮!(适用于提供热饮时)

2. 正餐服务用语

(1) 先生/女士,您好!这是为您准备的正餐冷荤套盘,请您慢用,稍后还会为您提供主食。

(2) 先生/女士,您好!今天为您准备的主食是××米饭、××面条,请问您喜欢哪一种呢?

3. 点心服务用语

先生/女士,您好!这是为您准备的点心套餐,请您慢用。

4. 小食品/水果服务

(1) 先生/女士,您好!这是为您准备的水果拼盘,请您慢用。

(2) 先生/女士,您好!这是为您准备小食品,有××,请您随意选用。

5. 回收服务

(1) 先生/女士,请问可以给您收走吗?

(2) 请问可以为您清理小桌板了吗?

6. 餐后热饮服务用语

(1) 先生/女士,请问您餐后需要什么热饮吗?我们有准备……

(2) 热饮烫口,请小心饮用热饮!

(五) 普通舱餐饮服务用语

1. 饮料服务用语

(1) 先生/女士,您好!请问您需要什么饮料?我们为您准备了……请您选用。

(2) 请问您需要加冰吗?(适用于提供冷饮)

(3) 热饮烫口,请您小心! 请小心饮用热饮!(适用于提供热饮)

(4) 先生/女士,这是您需要的××(饮料),请你慢用。

2. 放置桌板用语

您的小桌板放置在座椅扶手里边,需要我帮您取出来吗?(适用于普通舱第一排及出口座位乘客)

3. 正餐服务用语

(1) 先生/女士,您好! 今天为您准备有××米饭、××面条,请问您喜欢哪种口味呢?

(2) 请问需要辣椒酱(开胃菜)吗?

(3) 请需要辣椒酱的乘客打开热食盒,我们为您送上,谢谢!

(4) 请问需要添加热食吗?(适用于热食有富余可以添加时)

(5) 先生/女士,请您接好,请您慢用。

4. 点心服务/矿泉水/小食品服务用语

(1) 先生/女士,您好! 这是为您准备的点心餐,请您慢用。

(2) 先生/女士,您好! 这是为您准备的小食品/矿泉水,请您慢用。

5. 添加服务用语

(1) 请问您需要什么饮料吗? /请问您还需要添加饮料吗?

(2) 需要添加饮料的乘客请您将水杯递出,谢谢!

(3) 请问您需要添加茶水、咖啡吗?

6. 回收服务用语

(1) 先生/女士,您好! 请问您用好了吗?

(2) 先生/女士,您好! 请问可以为您清理小桌板了吗?

(3) 请将您用完的餐盒、水杯递出,我们为您清理(小桌板),谢谢! 请将您需要清理的物品递出,我们为您清理(小桌子),谢谢!

7. 餐车通道进行时

餐车经过,请您小心! /餐车经过,通道两边的乘客请您当心!

(六) 巡视客舱、呼唤铃服务、会员卡服务用语

(1) 先生/女士,您好! 请问有什么需要吗? 请问有什么可以帮您的吗?

(2) 请问需要为您打开阅读灯吗?

(3) 请问客舱的温度您感觉还合适吗?

(4) 请问您的小桌板需要清理吗?

(5) 请问您需要办理会员卡吗?

(6) 请您让开过道,以便让其他乘客通过。

(7) 如果您需要任何帮助,请按呼唤铃。

(8) 如果您想阅读,请打开阅读灯。

(9) 如果您需要休息,可以按住座椅扶手上的按钮,身体向后仰,放倒座椅靠背。

(10) 这是通风孔,您可以把它向任意方向调节,或向右旋紧关掉。

(七) 飞机上销售及入境咨询服务用语

(1) 您需要购买机上免税商品吗?

(2) 您需要买一些免税物品吗? 今天航班上的物品品种繁多。

(3) 我们的免税商品都是世界名牌,我们可以承诺这些商品都是质优价廉的。

(4) 这种商品是中国特产,非常有名,值得购买。

(5) 我们接受美元的旅行支票和主要信用卡,如维萨卡、运通卡、万事达卡、JCB卡等。

(6) 打扰一下,飞机落地前请您填写这些表格,以方便您办理海关、移民、检疫等手续。

(7) 如果您在填写表格时有疑问或困难请找乘务员,我们很高兴为您服务。

(8) 根据当地政府检疫的规定,严禁乘客携带任何新鲜水果、鲜花、奶制品、肉类、植物种子等入境。

(八) 飞机故障或临时状况服务用语

(1) 由于机械故障,航班已延误,机械师们正在对飞机进行仔细检查。

(2) 由于地面有雾,本次班机将延误约两小时。

(3) 由于空中航路拥挤,我们要等待通行许可(才能起飞)。

(4) 我们须等待跑道上的冰被清除完毕后,才能起飞。

(5) 我们的飞机要装完货才能起飞。

(6) 我们正在等待几位乘客办理登机手续。

(7) 如果有进一步的消息,我们会立即通知您的。

(8) 请您回到您座位上好吗? 飞机马上要起飞了。

(9) 请在安全带信号消失前坐在座位上,系好安全带。

(10) 飞机马上要起飞了,请不要在客舱内走动。

(11) 前方有大雷雨,无法穿越。我们决定返回杭州。非常抱歉由此给您带来的不便。

(12) 对不起,由于本机场天气状况不好,我们的航班将被延误。我们要等到天气条件好转才能起飞。

(13) 由于地面大雾,航班将被延误两小时,我们要等到雾消散才能起飞。

(14) 由于能见度太低,目的地机场已关闭,我们的航班将转航至备降机场并过夜。过夜的食宿安排由航空公司提供。

(15) 由于目的地机场罢工,我们将飞往备降机场,预计50分钟后降落。

(16) 塔台通知我们目前没有停机位,请大家在飞机上等待。

(九) 送客服务用语

(1) 再见,期待您的再度光临!

(2) 谢谢您的支持!

(3) 旅途愉快,祝您旅程顺利!

(4) 请您走好! 请慢走!

(5) 请当心台阶!

第三节　客舱播音要求及技巧

案例导入

上航返沪航班试水“沪语”广播，上海乘客感动不已

昨天，搭乘 FM9304 航班的乘客们有幸听到了一段空中“沪语”广播，又嗲又糯的上海话让上海乘客好评不断。除夕夜开始，由北京、深圳、广州等城市返沪的上航航班出现了有着浓郁韵味的“沪语”广播。

昨天下午，从广州飞往上海的 FM9304 航班，还有 30 分钟就要降落在上海虹桥机场。这时，乘务长赵磊磊先用普通话、英文广播了一段飞行信息及客舱安全提醒，随后用普通话告知乘客，接下来是一段“沪语”广播。“小笼馒头、大闸蟹、油墩子，味道老灵额……”“沪语”广播时间只有 1 分钟左右，却让航班上占半数的上海乘客感动不已。

这一天，航班收到的表扬信也格外多。一位乘客在表扬信中称，一年漂泊在外，只有春节能回一次家，没想到还没有落地，就听到了乡音，感受到了浓浓的家的氛围。还有乘客评价说，赵磊磊的“沪语”广播就像老上海红灯牌收音机中传出的声音，又嗲又糯，唤起了儿时的回忆。“沪语”广播也让不少听不懂“沪语”的乘客大感新鲜。赵磊磊说，用“沪语”广播时，客舱中还有乘务员不断为乘客“翻译”广播词，乘客们觉得“沪语”很有味道，还让乘务员多教几句上海话。

资料来源：毛懿. 上航返沪航班试水沪语广播，上海乘客感动不已[N]. 新闻晨报，2012-01-23.

问题与思考

（1）上航客舱广播得到乘客高度肯定和赞扬的原因是什么？

（2）作为客舱服务人员，请你为如何改进客舱广播水平以提升客舱服务质量提几条建议。

一、客舱播音要求及技巧介绍

空中乘务员客舱播音是保障航班服务质量、提升乘客乘坐舒适感的一项重要工作，主要包含向乘客播报安全型与服务型的广播稿件，让乘客了解关于该次航班的天气状况、航班时间、航程情况等具体内容。在乘务员进行客舱播报的过程中，提炼相关的播报语言，树立良好的心理素质，专注地完成播报，也成为客舱广播员应具备的基本能力。空中乘务员客舱播音的具体技巧方法分为内部技巧训练和外部技巧训练。

（一）内部技巧训练

内部播报技巧是指客舱播音员除了要掌握专业的语言表达外，还要学习其他能够对播音效果起到重要作用的方法。主要划分为以下两个方面。

（1）播报人员要具有稳定的心理素质与灵活的困难应对策略。在飞机飞行过程中，偶尔会遇到飞行不够平稳或其他特殊情形。在此条件下，为了安抚乘客情绪，便需要客舱播音

员临危不惧地向乘客播报一些稳定情绪的信息。在播报时需要注意的是,播报内容需要短小精悍、言之有物,而且语言结构与逻辑层次也必须十分清晰,不能给乘客造成累赘感或混沌感,要避免长篇大论与随意发言。

(2) 在播报时需要将"对象感"的把握作为播报练习中的一个重点。在空中客舱进行播报时,乘务员不需要面对乘客。播报人员要在无法同乘客进行沟通的背景下,在话筒前完成播报任务,这容易让乘客丧失亲密的交流感。同时,乘客聆听的内容也许并不是其真正关心的内容,而播报员也通常难以直接了解乘客想要知晓的信息。要使乘务员所播报的内容正是乘客所期待与愿意接收的信息,那么便需要客舱播报人员站在乘客的角度去思考问题,再从服务者的角度揣摩乘客的反应等。这种"对象感"的把握一旦到位,那么也可以圆满完成飞行过程中安全管理与广播服务的各项任务。

乘务员在做"对象感"练习时,可以对表达的对象进行设想,可以想象是在跟朋友讲、跟家人讲,每一句话都要让他们听清楚了,听明白了,才能进行下面一句。我们也可以在日常生活中去体会。设想具体的交流对象是为了更好地寻找对象感。在客舱播音时,应该时刻注意体会乘客的存在,比如,播到这里乘客会这样反应,播到那里乘客又会那样反应。这就要求广播员为了适应客舱广播传播的需要,在工作业务上求精、求实。对广播词中出现的具体的实物,要有深刻的了解。在日常生活中,我们也要不断扩大生活的领域,并且深入生活,接触更多的人和事,同更多的人交往,在生活中不断积累和学习。当我们的知识量积累得越多,我们了解了更多的人,明白了这些人更具体的需要,我们的表达就会更准确。从而,在设想对象时,才会更切合稿件的内容和形式,才会更好地达到播讲目的。

(二) 外部技巧训练

外部的训练主要是通过大量的发音练习,提高播报人员发音的准确度与悦耳度的技巧训练。其主要内容可以分为以下几个部分。

(1) 关于文字发音的语音规范练习。要使语音播报的信息能够准确、清晰地传达给每位乘客,标准流利的普通话与吐字发音便成为基础性的要求。虽然广播词一般篇幅较小,但这也需要播报人员勤加练习,从而保证每一次的广播都能做到音调标准、字正腔圆。

(2) 在播报时,正确的语气对于提升服务质量也起到了十分重要的作用。相同的一句话,不同的语气也能够让人产生不同的感受。播报语气能够让乘客受到情绪感染,正确的播报语气能够拉近乘客与服务人员之间的距离,从而让乘客有宾至如归的感觉。例如,在播报时会出现一些陈述语句,如果要让这些被广播出来的话语引起听众的积极回应,那么在服务型播音时,便需要将语气色彩转化为暖色调,将口腔完全放松,自然完成深长的呼吸。而在安全型广播时,则需要注意语句与词语间的停顿、起伏。对于特别重要的内容,要运用好"重音"来进行语义强调,并且语气色彩也要相对紧迫,发音气息要畅达,还要最大限度地打开口腔。

(3) 对于发音的速度也要尽量做到合理调控。播报的速度可以大致分为快速、中速、慢速三个层级,面对不同的播报内容所选择的语速也是不同的。对服务型播报来说,由于情感变化的起伏较小,所以通常会选用中速发音。在播报紧急突发事件时便需要加快语速,从而突出事情的重要性。但需要注意的是,语速的提升也需要控制在一个标准的范围内,过快的语速既容易引发乘客的恐慌情绪,同时还容易让乘客听不清播报的内容。所以恰当的播报语速也应当成为技巧训练中的重要内容。

二、客舱广播词播音训练

（一）登机广播

亲爱的乘客朋友们，欢迎你们乘坐××航空班机。当您进入客舱后，请留意行李过道的座位号码并对号入座。您的手提物品可以放在行李架内或座椅下方。请保持过道及紧急出口通畅。如果有需要帮助的乘客，我们很乐意协助您。××航空愿伴您度过一次温馨的空中之旅。谢谢！

（二）舱门关闭后广播

亲爱的乘客朋友们，飞机客舱门已经关闭。为了您的安全，飞行全程请关闭智能电话及遥控电子设备。飞机平飞后，手提电脑可以使用，但下降前请关闭。在本次航班上请您不要吸烟。现在请确认您的智能电话是否已处于关闭状态。谢谢您的合作！

（三）致辞广播

1. 正常情况广播

尊敬的女士们、先生们，你们好！我是本次航班的乘务长××，首先我代表××航空向您致以最诚挚的问候，很高兴与您相遇。现在向您介绍我的组员：头等舱乘务长××，乘务员××（公务舱乘务长××，乘务员××），普通舱乘务长××，乘务员××。我们的团队将精诚合作，为您带来一次轻松愉快的旅途！

2. 短时间延误广播

尊敬的女士们、先生们，你们好！我是本次航班的（主任）乘务长××，首先我代表××航空向您致以最诚挚的问候。今天由于飞机晚到/机场天气不符合飞行标准/航路交通管制/机场跑道繁忙/飞机故障/等待乘客/装货等待/临时加餐耽误了您的旅行时间，希望能得到您的谅解。现在向您介绍我的组员：头等舱乘务长××，乘务员××（公务舱乘务长××，乘务员××），普通舱乘务长××，乘务员××，我们的团队将精诚合作，为您带来轻松愉快的旅途！

3. 长时间延误广播

尊敬的女士们、先生们，你们好！我是本次航班的乘务长××，今天由于飞机晚到/机场天气不符合飞行标准/航路交通管制/机场跑道繁忙/飞机故障/等待乘客/装货等待造成了较长时间的延误，耽误了您的行程，给您带来了诸多不便，在此，我们深表歉意。我们机组全体成员愿通过加倍的努力、真诚的服务来答谢您对我们工作的支持与配合。谢谢！

（四）安全演示广播

1. 安全演示录像广播

女士们、先生们，现在我们将为您播放安全演示录像，请注意观看。如有疑问，请随时与乘务员联系。谢谢！

2. 安全演示示范广播

现在客舱乘务员将为您介绍机上应急设备的使用方法及紧急出口的位置。

救生衣在您座椅下面的口袋里（座椅上方），仅供水上迫降时使用。在正常情况下请不要取出。使用时取出,经头部穿好。将带子由后向前扣好系紧。

当您离开飞机时,拉动救生衣两侧的红色充气手柄,但在客舱内请不要充气。充气不足时,请将救生衣上部的两个充气管拉出,用嘴向内充气。

夜间迫降时,救生衣上的指示灯遇水自动发亮。

氧气面罩储藏在您的座椅上方。发生紧急情况时,面罩会自动脱落。

氧气面罩脱落后,请用力向下拉面罩。将面罩罩在口鼻处,把带子套在头上进行正常呼吸。在帮助别人之前,请自己先戴好。

在您的座椅上有两条可以对扣的安全带。当“系好安全带”灯亮时,请系好安全带。解开时,将锁扣打开,拉出连接片。

本架飞机共有×个紧急出口,分别位于客舱的前部、中部和后部。

在紧急情况下,客舱内所有的红色出口指示灯和白色通道指示灯会自动亮起,指引您从最近的出口撤离。

在您座椅前方的口袋里备有“安全须知”,请您尽早阅读。

谢谢您的留意!

(五) 起飞前安全检查广播

1. 白天

女士们,先生们:我们的飞机很快就要起飞了,请您配合客舱乘务员的安全检查,系好安全带,收起小桌板,调直座椅靠背,靠窗边的乘客请您协助将遮光板拉开。

谢谢您的合作!祝您旅途愉快!

2. 夜间

女士们,先生们:我们的飞机很快就要起飞了,请您配合客舱乘务员的安全检查,系好安全带,收起小桌板,调直座椅靠背,靠窗边的乘客请您协助将遮光板拉开。同时,我们将调暗客舱灯光,如果您需要阅读,请打开阅读灯。

谢谢您的合作!祝您旅途愉快!

(六) 驾驶舱发出起飞信号后广播

女士们,先生们,飞机很快就要起飞了,请您再次确认是否系好安全带。谢谢!

乘务员请各就各位。

(七) 起飞后广播

尊敬的女士们、先生们:欢迎您乘坐××航空公司的航班。我们的飞机已经离开××前往××(中途降落),由××至××的飞行距离是××千米,飞行时间×小时×分,预计到达××机场的时间是×点×分。

沿着这条航线,我们将飞经××(省、直辖市、自治区),经过的主要城市有××,我们还将飞越××海洋、山脉、河流、湖泊。

在飞行全程中,可能会出现因气流变化引起的突然颠簸,我们特别提醒您,注意系好安全带。

旅途中,我们为您准备了正餐(点心/小吃)及各种饮料。为了丰富您的旅途生活,我们还将为您播放机上的娱乐节目。如果您需要帮助,我们很乐意随时为您服务。

能为您提供最优质的服务，伴您度过轻松愉快的旅程，是我们全体机组成员的荣幸。谢谢！

（八）餐前广播

女士们、先生们：

我们将为您提供餐食（点心餐）及各种饮料，希望您能喜欢。在用餐期间，请您调直座椅靠背，以方便后排的乘客。如需要帮助，我们很乐意为您服务。谢谢！

（九）填写入境卡广播

女士们、先生们：

现在我们为您提供申报单和入境卡（除当地公民外，所有乘客都要填写入境卡。）。为了缩短您在××机场的停留时间，请您在飞机着陆前填好，落地后交予海关和移民局工作人员。如需要帮助，请与乘务员联系，谢谢！

（十）夜间飞行广播

女士们、先生们：

为了您在旅途中得到良好的休息，我们将调暗客舱灯光。请保持客舱安静。如果您需要阅读，请打开阅读灯。

我们再次提醒您，在睡觉期间请系好安全带。如果需要我们的帮助，我们很乐意随时为您服务。谢谢！

（十一）飞机颠簸广播

1. 短时颠簸

女士们、先生们：

请注意，受航路气流影响，我们的飞机正在颠簸，请您尽快就座，系好安全带。颠簸期间，为了您的安全，洗手间将暂停使用。同时，我们也将暂停客舱服务。（正在用餐的乘客，请当心餐饮烫伤或弄脏衣物。）

谢谢！

2. 持续颠簸

女士们、先生们：

请注意，我们的飞机正经过一段气流不稳定区，将有持续的颠簸，请您坐好，系好安全带。颠簸期间，为了您的安全，洗手间将暂停使用。同时，我们也将暂停客舱服务。（正在用餐的乘客，请当心餐饮烫伤或弄脏衣物。）谢谢！

（十二）预报到达时间广播

女士们、先生们：

我们的飞机预计在×点×分到达××机场，根据现在收到的气象预报，当地的地面温度为××。（现在正在下雨/雪）。由于温差较大，需要更换衣物的乘客，请提前做好准备。

（十三）下降时安全检查广播

女士们、先生们：

现在飞机已经开始下降。请您配合我们的安全检查，系好安全带，收起小桌板，调直座

椅靠背，窗边的乘客请协助将遮光板打开。请您关闭手提电脑及电子设备，并确认手提物品已妥善安放。同时我们还要提醒您，在飞机着陆及滑行期间，请不要开启行李架提拿行李物品。（稍后，我们将调暗客舱灯光。）谢谢！

（十四）驾驶舱发出着陆信号后广播

女士们、先生们：

飞机很快就要着陆了，请您再次确认是否系好安全带。谢谢您的配合！乘务员各就各位！

（十五）中途落地广播

女士们、先生们：

我们的飞机已经降落在本次航班的中途站××机场，外面的温度为××。

飞机还需要滑行一段时间。请保持安全带扣好，不要打开手机。等飞机安全停稳后，请您小心开启行李架，以免行李滑落，发生意外。

到达××的乘客，请带好您的全部物品（先）下飞机，您的交运行李请在到达厅领取。

（乘客下机）：当您下机时，请带好您的机票/登机牌，向地面工作人员领取过站登机牌，到候机厅休息等候。我们的飞机将在这里停留××分钟左右，您的手提物品可以放在飞机上，但贵重物品请您随身携带。

（乘客不下机）：继续前往××的乘客，请在飞机上休息等候。本架飞机大约在××分钟后起飞。

感谢您与我们共同渡过这段美好的行程！（我们再次感谢您在航班延误时对我们工作的理解和配合。）

（十六）终点站落地广播

亲爱的乘客朋友们，欢迎您来到××！现在机舱外面的温度为××。飞机还需要滑行一段时间，请保持安全带扣好，不要打开智能电话。等飞机完全停稳后，请您小心开启行李架，以免行李滑落发生意外。

到达××的乘客，请您准备好护照及全部手提物品到候机厅办理出（入）境手续，您的交运行李请在到达厅领取。需从本站转乘飞机去其他地方的乘客，请到候机厅中转柜台办理。感谢您选择××航空公司航班。我们期待再次与您相会，愿××航空成为您永远的朋友！

综合练习

案例分析

1. B737 福州—上海的航班正在登机中，很多乘客滞留在机门口等待进舱。

乘务员：“您好，欢迎登机！”

乘务长：“哇噢！您好，孩子是不是快要出生了？”

乘客A：“没呢，还差一个多月呢，呵呵……不过医生也说孩子好大啊，让我克制饮食呢。”

乘务长："瞧这一定是个调皮的小公子，把妈妈的肚皮顶的那么突出，有32周了吧？"

乘客A："是啊，还差4天就满32周了。"

乘务长："您坐哪儿？我看看登机牌，噢，32C，小敏带乘客去座位吧，顺便通知4号全程照顾好我们这位漂亮的准妈妈。"

乘务员："好的，我带您去，行李就交给我来拿吧，我再给您备条毛毯和一个靠枕。"

乘务长立即通知后舱4号相关信息并要求其传达所有乘务员：32C孕妇，怀孕31周+3天，属于公司允许乘机范围，但需要全程高度关注及细心照顾。航程中建议乘客尽量不要吃米饭、面条之类的主食，以避免胎儿的体重继续增加，可为其提供些水果、果汁及面包，如厕可就近前舱使用。在登机完成后的空档时间内全体乘务员迅速翻阅手册，再次了解机上分娩的相关知识以防万一。

2. 航班中在为乘客提供餐食时，乘务员对乘客问道："您好，我们今天为您准备了浓香的土豆烤鸡饭和微辣的黑椒海鲈鱼饭，您喜欢哪一种呢？"乘客很稀奇地看着她："咦，航空公司啥时候改餐了？听着都好吃！给我份土豆烤鸡饭吧。"收餐时，那位先生说："其实餐都没有变的，和原来的一样。不过听你介绍，就觉得很好吃，心情很好啊。谢谢你！"

资料来源：南航北京客舱部. 沟通服务案例[R/OL]. https://mp.weixin.qq.com/s/8bLme-mF4Jmap4v3NfmUzw.[2021-03-15].

问题与思考

请分析以上案例中优质的客舱服务分别体现出怎样的沟通技巧？

拓展训练

一、情景模拟

1. 一声孩童的号啕大哭打破了客舱的安静。正在巡视客舱的你发现一位小朋友的眼角被座椅扶手砸到了，眼见小朋友哭泣不止。作为乘务人员，此时的你应该怎么说、怎么做？

____

____

____

2. 某日，延误航班登机时，一位乘客刚上机便询问你："飞机上有方便面吗？"作为乘务人员，此时的你应该如何回应？

____

____

____

3. 经济舱餐饮服务期间，你推着餐车来到乘客面前。经常坐飞机的乘客抱怨："又是猪肉饭，你们就这么几个餐食品种。"作为乘务人员，此时的你应该如何回应？

____

____

____

4. 空中，一位经济舱乘客突然起身，急匆匆地往前闯，眼看就要闯入公务舱，你赶紧上

前询问乘客有什么需求。这位乘客对你说，他座位比较靠前，后面的洗手间太远了，想去前面用一下洗手间。作为乘务人员，此时的你应该如何回应？

5. 某日，你执勤的航班延误两小时，乘客反映机上乘务人员服务不到位，一会说交通管制，一会说天气原因。并且抱怨延误了两个小时，只给乘客吃一小包饼干，作为男士一包饼干是绝对吃不饱的。乘客认为此次航程又是延误，又是挨饿，表示不满意。作为乘务人员，此时的你应该如何回应？

6. 在广州飞往上海的航班上，一位头等舱的女士看上去非常疲惫，她对你说："我好像发烧了。你能帮我拿点退烧药来吗？"作为乘务人员，此时的你应该如何回应？

7. 公务舱里有位体型庞大的男士，他的邻座是位娇小的女士。这位女士看起来坐得很不舒服。你知道这趟航班的公务舱里还有不少空座。作为乘务人员，此时的你打算怎么说、怎么做？

8. 有位戴着耳机听音乐的经济舱男士按了呼唤铃，对你说："这耳机忽然没声音了。"作为乘务人员，此时的你应该如何回应？

二、角色扮演

4～5 人为一小组，选取以上一个情境，模拟乘客服务场景，拍摄一段 5 分钟以内的微视频。

课外阅读

十一年春，滕侯、薛侯来朝，争长。薛侯曰："我先封。"滕侯曰："我，周之卜正也。薛，庶姓也。我不可以后之。"公使羽父请于薛侯曰："君与滕君辱在寡人，周谚有之曰：'山有木，工则度之；宾有礼，主则择之。'周之宗盟，异姓为后。寡人若朝于薛，不敢与诸任齿。君若辱贶寡人，则愿以滕君为请。"薛侯许之，乃长滕侯。

资料来源：钱玉林，黄丽丽. 中华传统文化辞典[M]. 上海：上海大学出版社，2009.

文章提示：姬姓滕侯与任姓薛侯同去鲁国朝见鲁隐公，两人都争着排在前头。薛侯认为他的祖先分封在前应排在前头，滕侯认为自己是皇族姓应排首位。

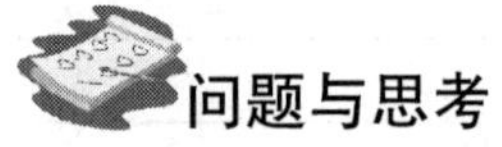

问题与思考

公子翚（羽父）是如何通过语言的艺术，调停这场尊位之争的？

第六章 特殊乘客的沟通技巧

学习目标

(1) 了解特殊乘客的概念,掌握特殊乘客的基本类型。

(2) 根据特殊乘客的不同生理和心理特点,提供有针对性的服务。

(3) 掌握特殊乘客的沟通服务技巧。

第一节 特殊乘客服务

案例导入

一位空乘的真实飞行日记

今天的飞行任务是“太原—长沙—三亚”,在航班起飞前,我们没有接到有关飞机上有特殊乘客的通知。在太原至长沙航班中,当我们为10A座位的一名男性乘客提供饮料时,他只是指了指咖啡壶。“是咖啡吗?”我问。他点了点头。第二次提供饮品时,他又指了指高的瓶子,我说:“您需要可乐?”他摇了摇头,我指了指雪碧,他点了点头。好纳闷啊,这个人怎么就不说话呢?长沙到了,为了飞行安全,我们要求所有中转乘客携带好随身行李下机。等乘客下机以后,我发现在10排ABC座位的行李架上放着两瓶陈醋和一袋山西的特产。带班乘务长说,就把它们放在廊桥口吧,这样一会儿它们的主人看到了就会拿上飞机。过一会儿乘客登机了,我正在紧急出口做评估,突然发现一位男士在冲我叫,可那些单独的音符却明显不是在说话,他不断地指行李架,能感觉他很着急,很气愤,我才想起来刚才那些东西可能是他的。我便带着他来到廊桥口,给他指了指廊桥口的行李。他的脸色缓和了下来,点了点头,拿起东西回到客舱里。客舱里出现了一片小声的议论,有些乘客的眼神中透露出了疑惑的情绪。其实,当听到他带有急切和愤怒的声音时,我也有些慌张,不知如何处理想帮助他但是沟通不了的问题。等他坐回座位,我向他绽放了一个灿烂的微笑,我相信他能明白。过了一会儿,他招手叫我,并将自己的手机递给我。上面写着:“我是一名聋哑人,刚才一上机看见我的东西不见了,所以很着急,情绪有些激动,把你吓到了,我很抱歉,希望你能谅解!”我赶紧在清洁袋上写:“没事的,我们因为要保证飞行安全需要清舱,所以把您的东西拿到了廊桥口上，以为您上机时会看见，真的对不起了！"他看完后，会心地笑了。

提供晚餐时，我突然想到了他，一会儿点餐时，他是不是又会尴尬呢？我连忙写了小纸条问他："先生，我们一会儿要提供晚餐，有鸡肉米饭和猪肉面条，您喜欢哪一种？"他指了一下鸡肉米饭。我们四目相对，会心一笑。整个航程中，每一次到了他那里我都会多看他一眼，看他有没有什么需要，并给他一个微笑。飞机要降落了，我写了小纸条告诉他："我们将在 18 时 10 分到达三亚凤凰机场，三亚的地面温度为 25℃。请您根据气温增减衣物。"下降检查时，看到了他感激的眼神和笑容，我的心里不禁美滋滋的！

他是最后一个下机的乘客，手机上写了很长的短信给我，很长！他说，很感谢我为他做的一切，他努力地想和我说一声"再见"，虽然从他发出的声音里无法听出那两个字，可是我的心听到了！

离开时，他脸上的笑容是我永远难忘的。他是我接触的第一位特殊乘客，我感受到了这位特殊乘客的孤独和善良。回到家，我想了很多，不只是感动，还有懊悔。在他第一次用手指点喝什么的时候，我就应该感觉到他的特殊……我应该做得更多更好。今后，我一定可以做得更多更好。

资料来源：焦巧，梁冬林. 民航服务沟通技巧[M]. 重庆：重庆大学出版社，2019.

问题与思考

（1）什么类型的乘客属于特殊乘客？特殊乘客的特殊性体现在哪些方面？

（2）如何为特殊乘客提供周到、细致的服务？

一、特殊乘客的定义

特殊乘客是指由于各种原因需要在飞行中得到特殊照顾的乘客，具体包括老、弱、病、残、幼、孕、晕机、患病、休克、死亡的乘客以及限制性乘客、遗失物品的乘客等其他需要特殊帮助的乘客。

二、特殊乘客的类型

1. 重要乘客

重要乘客是指有一定身份、职务，在旅途中需要特殊礼遇的乘客，根据重要乘客的身份和职位的高低，分为最重要乘客(VVIP)、一般重要乘客(VIP)和工商企业界重要乘客(CIP)。

最重要乘客包括：中共中央总书记、中央政治局常委、中央政治局委员及候补委员；国家主席、国家副主席；全国人大常委会委员长及副委员长、最高人民检察院检察长、最高人民法院院长；国务院总理、国务院副总理、国务委员；全国政协主席、副主席；中央军委主席、副主席；外国国家元首、政府首脑、议会议长，联合国秘书长。

一般重要乘客包括：省部级(含副职)党政负责人、军队在职的正军职少将及以上负责人、大使和公使级外交使节及由各部委以上单位或我驻外使领馆提出要求按重要乘客接待的客人，以及其他享受副部级待遇的重要乘客。

工商企业界重要乘客的范围：工商业界、经济和金融界有重要影响的人士。

2. 婴儿及有成人陪伴的儿童

婴儿乘客通常指出生后 14 天至 2 周岁、由成人怀抱的婴儿；儿童乘客的年龄范围是

2周岁以上,12周岁以内。

3. 无成人陪伴的儿童

无成人陪伴的儿童(也称无伴儿童),是指年龄满5周岁但不满12周岁,且没有年满18周岁且有民事行为能力的无成年人陪伴乘机的儿童。

4. 老年乘客

老年乘客是指年龄在70岁及以上、年迈体弱的乘客,虽然有些老年乘客并未患病,但显然也需要他人的帮助。年龄超过70岁、身体虚弱、需要轮椅代步的老年乘客,应视同病残乘客给予适当的照料。

5. 孕妇乘客

孕妇多指怀孕32周以下的乘客。航空公司通常对孕妇制定了一些乘机规定,只有符合乘机规定的孕妇,承运人方可接受其乘机,怀孕超过9个月的孕妇不可接受其乘机。

6. 残障乘客

残障乘客是指在心理、生理、人体结构上,某种组织、功能丧失或者不正常,全部或者部分丧失以正常方式从事某种活动能力的乘客。残疾人包括肢体、精神、智力或感官有长期损伤的人,这些损伤与各种障碍相互作用,可能阻碍其在与他人平等的基础上充分和切实地参加社会活动,具体表现为听力残疾、视力残疾、言语残疾、肢体残疾、智力残疾、精神残疾、多重残疾和其他残疾。

7. 病伤乘客

病伤乘客指身体处于病态、在航空旅行中不能自行照料旅途生活的乘客。病伤乘客一般包括担架乘客和轮椅乘客。

第二节 特殊乘客的服务沟通技巧

细心空姐发现了被"遗漏"的VIP客人

在从三亚飞往上海的南方航空公司3835次航班上,有一位在普通舱前排就座的乘客。当该乘客刚走进公务舱,欲上前舱洗手间时,受到了前舱安全员和乘务员的劝阻。客人有些不悦,轻轻地说了一句:"地面没有报给你们么?"便很有涵养和风度地去了中舱。"报什么?"一句话弄得安全员和前舱乘务员高梦元一头雾水。高梦元带着疑虑把这件事及时地报告给乘务长张警予。有多年乘务工作经验的张警予没有忽视乘客的这句话,等到该乘客坐好后,耐心细致地询问了该乘客的情况。

原来该乘客是海南省一位领导。在乘机的空地服务中应该享受VIP的待遇,而且在候机楼时已经是这样做的。可是不知是什么原因,上飞机时地面人员没有报告给机组,所以飞机上就没有把该乘客按照VIP的规格进行接待,使得该乘客有些茫然。该怎么办?如果现在贸然地把该乘客安排到公务舱,显然不符合有关的规定,如果把他当成一般的乘客对待,对他来说显然有些委屈。该如何对待这位没有报名单的VIP乘客呢?

本次航班,公务舱没有客人。张警予就让公务舱的乘务员高梦元重点关照这位乘客。一会送来咖啡茶水,一会送来热乎乎的毛巾,该乘客要看报纸,高梦元又从飞机上给他找来各种报纸。张警予在征求该乘客的服务意见时,也向他表示,在飞机上如有什么要求请提出来,只要不违反规定,在机组的权限范围内,我们尽量帮助解决。该乘客被张警予的真诚所感动,并提出,因为自己下飞机后要赶时间,能不能把托运的行李尽快取出。男乘务员王浩东自告奋勇地接下这项工作。该乘客流露出满意的笑容。

在两个多小时的旅途中,该乘客虽然被漏报了VIP,但是他同样享受了南航的优质服务。飞机刚停靠廊桥不久,王浩东便把该乘客的托运行李提到了他的面前,为他的下一步计划行动赢得了时间。下飞机时,该乘客和前来飞机旁接他的朋友们一再对机组的热情服务表示感谢。

资料来源:吴春魁.细心空姐发现了被"遗漏"的VIP客人[R/OL]. http://news.carnoc.com/list/52/52119.html.[2021-02-18].

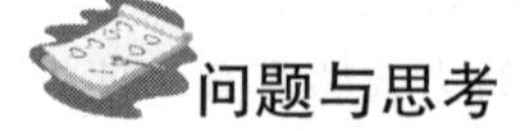

问题与思考

(1) VIP乘客属于特殊乘客中的哪一类型?

(2) 面对VIP乘客,我们如何提供更优质的服务?

一、重要乘客的沟通技巧

(一) 重要乘客的特点

通常重要乘客具有以下特点。

(1) 自尊心、自我意识强烈,权威感强。

(2) 希望得到足够的尊重。

(3) 对安全的渴望强于普通乘客。

(4) 较高的文化修养,往往表现出不错的素质、涵养。

(5) 对民航服务人员的服务质量要求较高,希望得到热情、得体的服务。

(6) 很看重个人形象,常常将对服务的不满压在心里或选择事后投诉。

(二) 重要乘客的沟通技巧

重要乘客希望客舱里安静、整洁、气氛和谐、融洽,空气清新,温度适宜,有柔和的灯光和温馨的色彩。他们希望航空公司能够在硬件上提供方便齐全的办公系统以及丰富多彩的娱乐设施,有舒适的座椅、美味可口的餐饮,而且能享受到个性化、人性化的服务设施以及创新的服务产品。

在服务上,重要乘客希望乘务人员的态度热忱而有礼,让他们既能感受到应有的尊重,又无过多的打扰,不影响自己的工作或休息。在遇到问题或困难时,他们需要的不单是诚恳的道歉,更是客舱乘务员积极地想办法来解决问题。

(1) 乘客登机时,主动、亲切、及时、简洁地问候;主动提供姓氏尊称服务,并做自我介绍,如"××先生/女士,您好,我是今天为您服务的乘务员××,非常高兴能为您提供服务"。

(2) 主动为乘客提供全程姓氏服务以及优先选餐、预留餐食等服务,如"××先生/女

士，我们今天为您准备了××和××餐，请问您选择哪一种？”

（3）提供个性化服务，通过乘客信息，了解他们的禁忌喜好，如为乘客准备其喜好的报纸、杂志，如“您好，××先生/女士，这是为您准备的报纸/杂志。”如果乘客喜欢喝茶，则说：“您好，今天冲了乌龙茶/红茶，您要不要品尝一下？”

（4）了解重要乘客对服务的感受和餐食满意度，如对方有意见，要耐心倾听，肯定对方提出的建议、意见，如：“××先生，您好，感谢您乘坐我们的航班，今天您对我们的客舱服务工作还满意吗？今天的餐食您觉得有什么需要改进的地方吗？我们可以向公司反映，以便下次您有更好的乘机感受。”

（5）飞机下降前，主动告知地面温度，到达时间；如果目的地温度较低，可以询问是否需要提前穿好外套。

（6）送客时，向乘客道谢并欢迎再次乘机。

案例 6-1

法国总理来华访问，乘坐民航飞机。该总理一上飞机，乘务员很有礼貌地用法语说：“您好，欢迎您乘坐我们的飞机，请坐。”这位总理没想到中国的乘务员法语讲得这样好，有些吃惊地问，“你的法语是在巴黎学的还是在中国学的？”乘务员答道，是在北京学的，并说：“我很喜欢法语，我对法国悠久的历史文化很敬佩，通过学习法语，能够对法国有更多的了解。”飞行期间，乘务员主动为这位总理送餐食、饮料，并询问他有什么需要。当飞机快要到达目的地时，这位总理对乘务员讲：“我非常感谢你们，你们的服务非常周到。”

资料来源：小小. 民航特殊乘客服务与沟通[R/OL]. https://max.book118.com/html/2020/0802/8125026075002130.shtm.(2020-08-02)[2021-03-01].

案例启示：该名乘务员出色的服务不仅为航空公司赢得了声誉，也为国家与民族赢得了声誉。

二、婴儿及儿童乘客的沟通技巧

（一）婴儿及有成人陪伴的儿童乘客

1. 婴儿及有成人陪伴的儿童乘客的特点

婴儿及有成人陪伴的儿童乘客的基本特点是性格活泼，好奇心强，善于模仿，判断能力和自我约束能力较差，做事不计后果。鉴于儿童乘客的这些特点，有成人陪伴儿童的座位不应位于紧急出口或应急窗旁，应安排在方便乘务员照顾的座位上。根据登机前协议，最好派专门乘务员负责照看，以防出现意外。

2. 婴儿及有成人陪伴的儿童乘客的沟通技巧

乘务员在为儿童乘客服务时，要注意掌握儿童乘客特点。乘务员的语气应甜美温柔，语言浅显易懂，根据儿童的心理变化适时调整角色，可以是姐姐、兄长，也可以是老师，这其中的角色可以进行灵活转换。照顾儿童乘客时，要注意尽量不要抱小孩，不要用肢体逗弄小孩。若确需抱小孩时，一定要经过大人同意。供应饮料和餐食时，也要征求陪伴者的意见。对有成人陪伴的儿童，尤其要提醒他们注意一些机上的不安全因素，且要反复多次强调，注意控制语气词调，不要造成儿童的恐惧或是逆反心理。例如，要提醒他们不要乱摸、乱碰飞机上的一些设施；航班起飞、降落时要注意不要四处跑动；给他们提供热饮时，要防止碰洒、烫伤；等等。

案例 6-2

某航班上，一对夫妇携孩子（儿童）乘机。乘机过程中，孩子想要一杯水，乘务员为其倒了一杯开水，孩子在喝水过程中飞机颠簸，热水洒出，不幸致使其烫伤。

资料来源：小小. 民航特殊乘客服务与沟通[R/OL]. https://max.book118.com/html/2020/0802/8125026075002130.shtm.(2020-08-02)[2021-03-01].

案例启示：

（1）为乘客提供热饮时，除非乘客特别指出要开水，其余情况热饮五成热即可，按照矿泉水和开水 2 比 1 的配比提供，口感微温。且要对乘客做好语言提醒，防止因飞机颠簸或者人为原因造成烫伤。

（2）为小乘客提供热饮时，不要将热饮直接递给他们，尽量给其监护人并做好叮嘱。

（3）不论是乘务员的责任抑或是乘客自身责任，发生烫伤的第一时间要做紧急处理，如确认伤势、冷敷、联系医生或地面等，并做好安抚乘客及其家人的工作。乘客需填的各类单据、书面内容视情况而定，不要一味机械化、程序化地在乘客还处于极度不安的状态下让其填写，容易引起乘客反感。

（二）无人陪伴儿童乘客

1. 无人陪伴儿童乘客的特点

1）无人陪伴儿童乘客的思维特点

无人陪伴儿童尚处于自我中心阶段，不太会考虑别人的想法和感受，他们甚至还不太理解别人的想法为什么和他们的不一样。所以，劝说儿童对于乘务员来说绝对是一个挑战。如果你试图用成人的理论来说服他们，通常会让你碰一鼻子灰。

5 岁至 12 岁儿童的思维还处于具象思维阶段，他们不太理解抽象的理论和事物，他们的思考需要借助他们的所见所闻才能进行。因此，跟他们交谈时，乘务人员必须说得非常具体。

另外，无人陪伴儿童对规则的理解还不完全，年龄小一点的孩子甚至完全不理解乘务员的要求和指令。

2）无人陪伴儿童乘客的情绪特点

（1）情绪不稳定。尤其是年龄小的儿童，前一秒还很开心，后一秒就可能因为什么事而哭泣，这或许会让乘务员无所适从，必须得花时间来进行安抚。

（2）各种可能的情绪反应。首先，儿童可能会感到害怕。当父母把他交给航空公司地面服务人员时，儿童可能会产生一种错觉，觉得父母不要自己了，会因此而害怕。特别是第一次独自旅行、年龄又比较小的儿童，可能因害怕而哭闹，甚至抵触和拒绝工作人员的安抚和陪伴。其次，儿童离开了熟悉的环境，独自一人面对全然陌生的服务人员，他们会感到紧张、孤独和焦虑，他们很希望快点回到家人的怀抱，回到熟悉的环境。尤其在碰到困难时，不知如何应对，会更加想念家人。再次，儿童在狭小的客舱里待着会感到无聊。这时，他们可能会想四处走动，找点好玩的事情做做。最后，儿童对世界充满了好奇，他们对没见过或者好玩的东西想要探索一番，可能会到处摸摸弄弄，具有一定的“破坏性”。

3）无人陪伴儿童乘客的行为特点

5岁至12岁儿童的自我控制能力比较弱，如果没有人约束，他们也许会做一些“出格”的事。一些儿童对客舱环境熟悉了以后，感觉很自在，就变得调皮。还有的儿童会不停地向乘务员提出各种各样的问题，使乘务员觉得“应接不暇”。

2. 无人陪伴儿童乘客的沟通技巧

沟通分为“说”和“听”两部分。

（1）说。乘务人员要用浅显易懂的语句与儿童交流，多用孩子们喜欢的词语，尽量用短句。要善于寻找儿童感兴趣的话题，比如，谈谈孩子们喜欢的动画片、童话故事、玩具及青春偶像剧等。试图说服孩子时，尽量用比喻、举例和讲故事的形式，向孩子明确说明怎样做算是表现好，什么是违反禁令。为了保证孩子听明白了，可以要求他复述。

（2）倾听。有的无人陪伴儿童表达能力还不够好，尤其在情绪紧张时，难免表达不清楚，乘务人员可以运用猜测、提问、复述及总结等技巧，帮助孩子说清事由。当乘务员能够耐心倾听儿童讲话，对他们表达理解和尊重，并帮助他们解决问题时，他们一定会回报你以信任和合作。

与儿童乘客沟通应多用鼓励性的语言，如“小朋友，你好，欢迎你，你能一个人旅行，真棒”“小朋友，很高兴认识你，跟我来吧，我带你到座位上”。

服务时要防止飞机上一些不安全因素的发生，如防止活泼好动的儿童乘客乱摸、乱碰飞机上的设施，航班起飞、下降时要注意防止儿童乘客四处乱跑。

还要为儿童乘客介绍相关服务设备，包括安全带、呼唤铃、阅读灯、洗手间的位置等，如“这里是呼唤铃，有事需要帮忙就按一下”。当面对有乘机经验的儿童乘客时，可考虑采用询问的方式，了解其对服务设施的认知情况，并给予鼓励。当面对无乘机经验的儿童乘客时，可考虑采用安抚的口吻与他交流，缓解其独自乘机的紧张感，并详细介绍安全注意事项，如教会儿童乘客如何系好、解开安全带，适当给予鼓励和肯定。

提供餐饮服务时，要为他们介绍餐食与饮品，协助放好小桌板，注意防止烫伤、碰洒，并进行适当的提醒，如“小朋友，小心热食有点烫”等。

飞行中仔细观察儿童乘客的动向，可以根据情况提供机上儿童玩具、读物，以减少儿童乘客的孤独和恐惧感。

落地前，应提醒儿童乘客着陆后留在原位，等乘务员来送儿童乘客下飞机。

案例 6-3

我愿当你风雨中的守护天使

阴雨绵绵，已入深冬的重庆被乌云笼罩着整个天空，天气异常寒冷。海南航空的乘务长葛丽森在这天迎来了一位无成人陪儿童乘客乘机。乘客是个活泼的小姑娘，十分可爱，仿佛是这个天气里的一枚小太阳，吸引了整个乘务组的注意。

乘客登机结束后，葛丽森前往儿童乘客座位前，帮她核查好证件、放好行李、系好安全带，并告诉她机上的所有服务设施以及卫生间的位置，还拿来毛毯盖在儿童乘客身上。随后，她嘱咐其他乘务员全程关注这位小朋友。

雨一直下，丝毫没有停下的意思。当葛丽森心里正琢磨着"这天气航班是否能顺利起飞"时，收到了机长给出的起飞等待指令："为了确保飞行安全，需要等待天气好转才能起飞。"

她第一时间想起了那名无成人陪儿童乘客，担心父母不在身边的儿童乘客会因为航班延误产生不安情绪。葛丽森来到儿童乘客身边，想用聊天来缓解儿童乘客的心情。而此时，儿童乘客仿佛看出了葛丽森的担心，笑着说道："姐姐，这已经是我第三次独自乘机了。您别担心，我一点都不害怕。"突然的安慰让葛丽森惊喜，她竖起大拇指连连夸奖："你真勇敢！"随后，葛丽森拨通儿童乘客家人的电话，告知了航班的最新动态，希望他们放心。

不久，乌云漫了上来，外面突然下起了暴雨，还伴有电闪雷鸣。儿童乘客听到声音还是被吓得蜷缩起来，葛丽森立马上前用双臂抱住儿童乘客，轻拍安慰她："不用担心，有姐姐陪着你呢，没事的。"随后，她为了转移儿童乘客的注意力，还用纸叠了个纸飞机给小朋友当玩具玩。

终于，雨过天晴，飞机开始滑行起飞。航班落地后，儿童乘客悄悄地在葛丽森耳边说了声："谢谢姐姐。"这一句谢谢让疲惫了一天的葛丽森得到了慰藉，她说："尽管天气原因导致航班延误，但是用一颗怀抱感恩的心去面对、用真情和耐心去服务，我相信能得到乘客的理解和支持。当时听到这句'谢谢'，我就觉得自己付出的一切都值得。"

资料来源：葛丽森. 我愿当你风雨中的守护天使[R/OL]. http://www.caacnews.com.cn/1/6/202102/t20210204_1319153_wap.html.(2021-02-04)[2021-02-17].

案例启示：与儿童沟通时，需要注意儿童的感受和体验。为了确保儿童能听进你说的话，有必要和他建立多感官的联系，比如，在谈话前走近儿童，俯下身，温柔地将手放在儿童腿上、肩上或背上。

三、老年乘客的沟通技巧

（一）老年乘客的特点

老年乘客有其典型的心理特征。首先，老年乘客由于年纪大，在感觉方面比较迟钝，反应与动作比较缓慢，记忆力较差，应变能力差。其次，老年乘客可能不熟悉乘机流程，不会使用机上设备，对财务和行李的安全过分担心。再次，有些老年乘客怕麻烦别人或者怕被别人嘲笑，还有的老人有不服老的心理，所以他们有时表现出不愿意让别人帮助自己，想自己尽力完成，但又力不从心。最后，还有些老年乘客因为自己的听力或视力不好，不愿意和乘务员或周围的乘客交流。其实，大多数老年乘客很渴望得到他人的关心和尊重。

综上所述，老年乘客的心理特征主要有：感知觉衰退、记忆力及理解力下降、过分担心、紧张、自卑、孤单、固执等。

（二）老年乘客的沟通技巧

针对老年乘客的心理特点，乘务人员要主动、热情、耐心，要细心观察老人的需求，及时提供必要的帮助，要注意尊重老人的意愿，不要使老人觉得自己"无能"。

乘务员看见行动迟缓的老年乘客，应主动上前，询问是否需要搀扶，帮助老人提拿、安放行李，要特别注意把行李放在老人方便看管的地方，好让他们心里踏实。

要帮助老人找到座位，协助其系上安全带，主动介绍安全带、阅读灯及呼唤铃等设备的使用方法；介绍洗手间的方位，主动搀扶行动不便的老人上洗手间。

在提供餐饮服务之前，先帮助老年乘客放好小桌板，供应时要主动介绍餐食、饮料的品种，耐心询问老人的需求，尽量送热的饮料和软的食品，避免食品过硬、过烫、过冷。

飞行途中经常关心老人的情况，可以根据他的要求和身体状态调节通风器，提供毛毯、枕头。

和老年乘客交谈时，声音要稍大一点、语速稍慢一点，注意语气平和，态度热情。要耐心倾听老人的需求和感受，不能抱有“反正我告诉你们了，听没听明白是你自己的事”这种心理。尽量多和老人交谈，比如，介绍一下航线沿途风景，目的地的天气、风俗等，以免老人精神紧张或感到寂寞。如果遇到飞机颠簸、延误等特殊情况，要平静、温和地告诉老人发生了什么事情，需要注意哪些事项。

飞机落地后，要主动帮助老人拿行李，提醒老人及时增减衣物。必要时可以将老人送出客舱。如果老人需要转机或者需要提取行李，乘务员应该给予必要的指导。

案例 6-4

在乌鲁木齐飞往北京的航班上，乘客下机时，乘务长发现一名老年女性乘客很吃力地提着三件行李，动作很缓慢。乘务长过去帮她提行李，知道她是一个人乘机，一会还要转机东京，有托运行李。老人是第一次从北京转机，对北京候机楼不熟悉，感觉不知如何是好。乘务长一边安慰她不要着急，一边帮她拿着行李往候机楼走，心里想着如何才能帮助这位老年乘客。国内转国际，行程较远，需要办理出关手续，还需要坐内场火车转候机楼，老人一个人肯定是很困难。而乘务长还有后续航班，到起飞时间所剩不多，国内隔离区到国际隔离区还需要安检，乘务长不执行国际航班不能进入，真是心有余而力不足。乘务长赶紧找地服人员帮忙。遇到两名地服人员，都因为正在执行航班任务而分不开身，到第三名地服人员，刚好赶上她下班，听到乘务长说的情况，她二话不说，立马答应送老人去转机，一直送到登机口为止。老人甚是高兴，连连感谢，乘务长也是很感激，心里的石头终于落地了。虽说，难处解决了，但乘务长对自己的工作还是不满意，为什么呢？因为乘务长在航班中没有提早了解乘客的需求，如果在飞行过程中能知道这个情况，乘务长就可以在飞机落地前通过机长经无线电联系地服，提早让地服人员在机门口等待，帮助老年乘客转机，而不会像现在这么难，这么费劲。

资料来源：陈迎洪. 飞机上空乘如何为独自乘机的老年乘客服务？[R/OL]. http://news.com/list/205/205553.html. [2021-03-10].

案例启示：虽说为乘客服务是乘务员分内的事，但每次都要乘务员去送老年乘客也不现实。很多时候，服务工作需要其他部门的强力支持与配合，光靠一己之力是难以完成的。这就需要乘务组与其他部门做好协调，及时交接，让老人的旅途顺心、舒心。

四、孕妇乘客的沟通技巧

(一) 孕妇乘客的特点

(1) 孕妇的心理随着孕期的不同而有所不同。在孕早期,大部分孕妇常有的心理是恐惧、焦虑、紧张、敏感,还有的孕妇会以自我为中心。

(2) 在怀孕中期,即3~7个月时,孕妇对自身生理、心理的变化产生了适应能力,早孕反应也减轻或消失了,因此情绪比较稳定。

(3) 在怀孕末期,即7个月到足月时,孕妇会感到疲劳,行动不便,精神比较容易紧张,担心早产或难产,生怕胎儿发生意外。

(二) 孕妇乘客的沟通技巧

对孕妇乘客,乘务人员要热情、细心、体谅。

孕早期的孕妇体型变化不明显,如果其本人不说,乘务员可能看不出乘客是孕妇。这就要求乘务员细心观察,注意适龄妇女的言谈举止有无特别之处。在合适的地点和时机可以悄悄询问一下,但要注意询问的语气和技巧。

孕中期开始,孕妇的体形变化明显,乘务人员很容易辨别出来。孕妇乘客登机后,乘务员要主动了解孕妇的身体情况,可以说:"女士您好,欢迎登机,请问您怀孕多久了,现在有什么不舒服的地方吗?"帮助孕妇乘客提拿、安放随身携带物品,安排入座,可以说:"女士,您好,我来为您提行李、找座位。您的行李为您安排在行李架上。"入座后,乘务员应向其介绍机内安全带、呼唤铃、手调试通风孔、洗手间等服务设备的使用方法。起飞、下降时,给孕妇在腹部垫一条毛毯或一个枕头,协助孕妇将安全带系于大腿根部,使其更舒服、更安心,可以说:"这条毛毯在起飞、下降时请垫在腹部,安全带系在毛毯上的大腿根部,这样宝宝也会感觉舒服一点。"

在航程中,乘务员要及时了解孕妇的情况,并给予适当的照顾,可以说:"女士您好,在飞行中可能会有突然的颠簸,如果您感到不适,可以使用您前方座椅口袋里的呕吐袋(清洁袋),并随时与我联系,我很乐意随时为您服务,祝您旅途愉快!"或者"我能为您做点什么吗?"如果孕妇出现身体不适,可帮她调换座位,让她平躺或坐得更宽敞一些。陪同人员可以通过聊天、开玩笑等方式缓解孕妇的紧张情绪。如遇空中分娩,应及时报告机长,并将孕妇安排在与客舱隔离的适当位置,并请求医护人员或有经验的女性乘客协助。

案例 6-5

飞机降落前5分钟孕妇腹痛难忍,空姐悉心陪伴

"乘务员,我旁边的这位女士肚子痛。"东航MU5456宁波至昆明航班在飞机着陆前5分钟,有乘客按铃呼救。

看到指示灯亮,乘务员胡维纳立即赶了过去。看到乘客脸色有些苍白,连说话的力气也没有了,她立刻将情况向乘务长谢晓燕汇报。谢晓燕立即前往查看情况。"女士,您现在痛得还厉害吗,您这是怎么了?"谢晓燕细心地问道。"我刚怀孕两个月,上飞机时肚子就有点痛,但是我以为没事,就一直睡着,现在痛得厉害了。"这个消息让谢晓燕着实紧张了起来,心

里想着大人和孩子可不能有事，于是她先调整了孕妇乘客的座位，并在客舱内广播寻找医生。遗憾的是，飞机上没有医生，但庆幸的是，飞机马上要降落了，谢晓燕通知机长联系医生待命。

“您现在放轻松，飞机马上就要落地了，一落地就会有医生来帮助您。”谢晓燕安慰到。考虑到飞机马上就要着陆，乘客意识清晰，脉搏正常，谢晓燕决定取下氧气瓶，以备不时之需，并留下4号位乘务员陪同乘客。4号位乘务员一边为她按摩，一边陪她聊天，直至落地。

23时23分，飞机落地，机场医生已经在登机口待命。谢晓燕领着医生为乘客测量了血压、脉搏，均在正常值。虽然此时乘客的疼痛状况已经缓解，但是因为怀有身孕，医生还是建议机场救护车把乘客送到最近的专科医院继续检查。

23时45分，乘客在谢晓燕和医生的陪同下下了飞机，前往医院救治。谢晓燕离开前，乘客拉着她的手说：“谢谢，谢谢！”“不用谢，这是我们应该做的，您放心一定会平安的。”话很简单，但很温暖，陪伴因付出而真实，付出因回应而温暖。

一句问候，一杯水，一个微笑，一个示意，乘务员如摆渡者，守护着每一位乘客安全抵达，航程有限、服务无限，乘务员用细心发现需要，以贴心告诉乘客，我在这，不要怕！

资料来源：王一玻. 飞机降落前5分钟孕妇腹痛难忍，空姐悉心陪伴[R/OL]. http://news.carnoc.com/list/405/405155.html.[2021-03-10].

案例启示：乘务员在与孕妇乘客沟通时，要顺应其心理需求，主动及时地提供帮助。

五、残障及病伤乘客的沟通技巧

（一）残障及病伤乘客的特点

首先，残障及病伤乘客除了生理上的特点以外，在心理上还会表现出较强的自尊心。这种自尊心不同于一般人的自尊心，它集中表现在乘务人员一定要尊重或根据他们的病情进行有针对地服务。其次，由于其特殊情况，乘客们在身体上“力不从心”，所以，残障及病伤乘客在心理上也确实希望得到帮助。最后，这些乘客有时心里的潜意识会不愿意主动要求服务人员帮助，以显示他们的自尊心。

（二）残障及病伤乘客的服务沟通技巧

在提供服务或帮助前，第一，要尊重他们的自尊心，一定要询问病情与征求其意见，切不可擅自做主，结果提供画蛇添足、不切合实际的服务。第二，服务人员应该根据他们的实际情况，主动热情地去帮助他们。

1. 轮椅乘客的服务沟通技巧

轮椅乘客根据不同的情况分为三种，并用下列符号表示：WCHR——全自理能力（指能自行上下飞机客梯并走到客舱座位处）、WCHS——半自理能力（指不能自行上下客梯，但能走到客舱座位处）、WCHC——无自理能力（指完全不能行走，需要他人抬着护送到客舱座位上）。为减少轮椅乘客在机上的等待时间，航空公司一般先使用公司备用的轮椅，然后取乘客自带轮椅。地面轮椅有时会出现迟到的情况，在轮椅乘客未离机之前，乘务员不可先离机。

2. 担架乘客的服务沟通技巧

担架乘客指在旅行中不能自主行动或病情严重不能使用飞机上的座椅，只能躺卧在担架上的乘客。为方便担架随机的乘客,航空公司相关工作人员要事先在不阻塞通道的区域拆去相应的座椅,将担架固定在地板平面或更高的位置。被担架运送的乘客及其护送人员应签订保证书,保证书的内容包括:如出现紧急情况,机组人员和公司对在撤离中担架乘客不能先行于其他乘客,而且一定要最后撤离等情况所带来的后果均不负责。

3. 残障乘客的服务沟通技巧

面对残障乘客,除了要用适当的语言沟通之外,更多的是需要用心去观察、揣摩和分析乘客的诉求和意见,洞悉并及时满足他们的心理需要。

(1) 面对下肢不便的乘客,乘务员应主动搀扶他们上下飞机或帮他们安放行李,拐杖由乘务员或个人保管。乘客需要去卫生间,乘务员要主动上前搀扶。

(2) 面对上肢不便的乘客,乘务员应主动帮他们安放行李,同时还要帮忙系好安全带、拿取报纸等读物,为乘客穿脱外套、切割食品,垫好小枕头。在提供餐食和饮品时,要主动帮乘客打开小桌板,介绍适宜的餐饮。

(3) 面对盲人乘客时,乘务员要主动做自我介绍,热情帮助盲人乘客上下飞机,飞行中要有专人负责,经常询问盲人乘客的要求,多和他们交谈,以免盲人乘客旅途寂寞。给盲人乘客倒饮料时,杯中不要倒得太满;递送杯子时,不仅要用语言提醒,而且要确认完全安放稳妥后再松手。餐盘安放稳妥后,主动介绍餐食内容,也可引导其触摸(触摸热、烫的食物须先做提醒),帮助其打开餐盒盖、餐具包,并帮其分餐。

(4) 聋哑乘客往往情绪变化较快,乘务员在服务上要始终保持细致,避免引起其情绪波动。为聋哑乘客服务的乘务员,最好懂得简单的手语,能与他们进行简单的交流。乘务员若不懂手语,在服务时一定要更有耐心。为他们提供餐食和饮料时,需一样一样地拿起来,用眼神询问乘客的需求。乘务员面对聋哑乘客时,态度务必要诚恳、真切,语气要婉转、缓和,服务过程中要想方设法、积极作为,切忌有始无终或半途而废。

案例 6-6

四川航空:指尖上的温情——关爱之旅

为履行社会主义核心价值观,响应民航局有关特殊乘客运输关爱行动,重视特殊乘客人群的运输需求,改善特殊乘客乘机服务环境,四川航空 2018 年启动了一系列特殊乘客运输服务关爱举措。

践行"真情服务"理念,秉承"真心、用心、热心"服务原则,客舱服务部 2018 年围绕"真情服务"品牌,坚持服务创新思路,打造一系列"真情服务"服务措施,推出"真情服务"系列之"指间上的温情——关爱之旅"主题活动,致力于给特殊乘客乘机带来安全感、满足感和获得感。

关爱之旅的主要亮点有以下几个方面。

手语安全示范:创新丰富安全示范方式,让独自出行在外的聋哑乘客体验到客舱安全感。

手语沟通交流:站在乘客的角度,用他们的方式交流,拉近与聋哑乘客无声世界的距离。

手语真情致意：这是我们对每一位选择四川航空航班的特殊乘客的一份“真情服务”承诺。

手语“小课堂”：通过手语学习，掀起一波机上乘务组手语学习风潮，机下也带动更多民航从业者一起学习手语，人人都成为“真情服务”践行者。

手写服务便利贴：运用个性化和差异化的服务手段，让每一位特殊乘客都能感受到我们的100%用心。

四川航空还致力于解决特殊乘客航空运输的痛点问题，围绕特殊乘客乘机过程中的五大关键接触点，推出一系列以“指尖上的温情，传民航人的关爱”为核心的特殊乘客运输关爱举措。

在完成民航特殊乘客服务的案例分析与调研后，四川航空将重点关切服务目标锁定在聋哑人这一群体上。

基于创新、设计、运行、管理的创新服务CDOM项目设计流程，在确保安全运输的前提下，客舱服务部推出手语登机欢迎、手语安全示范、手语真情致意等服务环节，全年在20.4万架次航班上实施推广，受众人群达2767万人次。

在手语执意环节，美丽的乘务员站在乘客中间，通过缓慢优美的手语动作向所有聋哑乘客作出最真挚的承诺“您的服务需求，我们将尽全力满足”“您的困难，我们将尽全力帮助”“您的安全，我们将用心守护”。

在餐饮服务环节，乘务组拿上纸和笔，优先与聋哑乘客沟通餐食品种，对于用餐有禁忌的乘客，乘务组第一时间将信息通报给全组成员，预留餐食并全程保持关注。通过这样无声的互动，聋哑乘客感受到无处不在的关爱，他们被深深感动，竖起大拇指向每个乘务组表达“谢谢”，并用手语向川航表达祝福。

在9条飞行时长大于两小时的航班上，经过用心的筛选与评估，甄选了聋哑人日常生活用语，如“您好”“很高兴认识您”“需要帮助吗”和“谢谢”，通过机上手语“小课堂”活动与乘客分享。

资料来源：四川航空：创新服务案例：川航指尖上的温情——关爱之旅[R/OL]. http://news.carnoc.com/list/488/488581.html.[2021-03-20].

案例启示：手语“小课堂”活动一经推出就激发了机上、机下的手语学习热潮，唤起更多乘客对聋哑乘客的认知与了解，激发更多民航从业人员和社会大众对聋哑人这一特殊群体乘客的高度关注。以小善举承载大爱，让更多人能够与聋哑人建立沟通的桥梁，让更多的关爱得以延续与传播。

综合练习

案例分析

1. 冬季航班运行，航程中客舱温度偏高，中老年乘客心脑血管疾病易发。某日，在某国际长航线的航班上，70A座坐了一位年迈的女士，由于室外温度较低，她穿了较多的衣物，并佩戴了围巾。入座后，区域乘务员及时提供舒适用品并与老人的家属做了安全简介，同时询问其家属老人的身体状况。

航班中的客舱温度维持在22度左右，老人穿着衣物较多，细心的乘务员发现老人面色红润，及时建议老人适当减少衣物，以防止温度较高而引发各类突发疾病。在整整10个小时的航程中，乘务员对这名老年乘客进行了持续的关注，对其无微不至的照顾。航程结束后，乘务员得到了这位老年乘客及其家人的赞赏和感谢。

资料来源：杨丽明，廉洁．民航服务心理学[M]．上海：上海交通大学出版社，2013.

问题与思考

结合案例，请你谈谈老年乘客服务沟通的注意要点。

2．一名推着婴儿车的中年女性走进了客舱，乘务员小丽微笑着迎了上去，她看见可爱的小婴儿在婴儿车里安静地睡着了。看过该名乘客登机牌的座位号后，小丽快速地将其引导到了40C的座位。这时正值上客高峰，看到机门口络绎不绝进入客舱的乘客，小丽又快速地返回了客舱前部的应急出口处继续迎接乘客，疏通客舱。

而此时，后面的这位妈妈已经急得满头大汗：行李箱还没有放入行李架，宝宝的婴儿车还停在客舱过道里，身后等着通过的乘客已经排起了队，无奈之下妈妈按响了呼唤铃。在客舱后部刚刚帮助乘客摆放好行李的另一名乘务员见状，立刻迎上前来，帮助这位妈妈。两天后，乘务员小丽接到了这位妈妈的投诉。

资料来源：客舱博视．服务意识之我见[R/OL]. https://mp.weixin.qq.com/s/9EhhCFFUp885zdOSTcd02Q. [2021-03-28].

问题与思考

乘务员小丽被投诉的原因是什么？面对带婴儿的乘客，我们应该做好哪些沟通服务工作？

3．在深圳—昆明航班上，座位在25C的王先生第一次飞行。王先生所在区域有两位女乘务员，发放餐食时，其中一位短发乘务员直接用简语："吃鱼？吃猪？"与另一位和蔼可亲的长发乘务员礼貌的服务态度形成鲜明对比。发放湿纸巾时，短发乘务员直接把3份纸巾扔到桌子上就离去，王先生不知道这个纸巾是要传递给里面的人。随后，当旁边的乘客按呼唤铃需要湿纸巾时，短发乘务员瞪了王先生一眼，问："你没有给他们啊？"王先生觉得很无辜。乘客要求有关部门对此进行解释。

资料来源：杨丽明，廉洁．民航服务心理学[M]．上海：上海交通大学出版社，2013.

问题与思考

短发乘务员在工作中存在哪些失误？应该如何改进？

拓展训练

一、思考讨论

1．4～5人为一小组，寻找一个民航业特殊乘客沟通服务失败的案例，讨论案例失败的原因,并提出改进方案。

2. 通过小组讨论,尝试总结面对各类型特殊乘客服务沟通技巧的共同点。

二、情景模拟

1. 当你在客舱内遇到度假的情侣或者度蜜月的新婚夫妇,作为乘务员的你,应该怎么说、怎么做?

2. 当你在客舱工作中遇到行动不便的轮椅乘客,作为乘务员的你,应该怎么说、怎么做?

3. 当你在飞机上遇到感冒生病的乘客,乘客说自己感觉身体不适,作为乘务员的你,应该怎么说、怎么做?

4. 迎接乘客期间,一位金卡乘客叫住你,说需要一条毛毯。你清楚地记得飞机上客前你已经把毛毯等物资插在金卡乘客座椅前口袋内了,估计物品是被其他乘客拿走了。作为乘务员的你,应该怎么说、怎么做?

课外阅读

景公使圉人养所爱马,暴死,公怒,令人操刀解养马者。是时晏子侍前。左右执刀而进,晏子止而问于公曰:“尧、舜支解人,从何躯始?”公矍曰:“从寡人始。”遂不支解。公曰:“以属狱。”晏子曰:“此不知其罪而死,臣为君数之,使知其罪,然后致之狱。”公曰:“可。”晏子数之曰:“尔罪有三。公使汝养马而杀之,当死罪一也。又杀公之所最善马,当死罪二也。使公以一马之故而杀人,百姓闻之,必怨吾君;诸侯闻之,必轻吾国。汝杀公马,使怨积于百姓,兵弱于邻国,汝当死罪三也。今以属狱。”公喟然叹曰:“夫子释之,夫子释之,勿伤吾仁也。”

资料来源:王运熙.中国古代散文精粹类编:上册[M].上海:上海文艺出版社,1997.

文章提示：本篇记载了景公喜爱的马死了，景公要肢解养马人。晏子委婉劝谏，使养马人得以活命。在保全了养马人性命的同时，也保全了景公的“仁”。

问题与思考

晏子的劝谏艺术对你有什么启发？

第七章 冲突应对的沟通技巧

学习目标

（1）明确冲突的概念及类型。
（2）理解冲突产生的原因。
（3）掌握处置冲突的沟通策略。
（4）运用所学知识灵活处理现实民航服务中的冲突事件。

第一节 冲突概述

案例导入

航班延误引发冲突

“本来是早上 7 点 40 分的航班，到中午 12 点 30 分才起飞。”滞留乘客堵在登机口向航空公司讨说法时，与在同一登机口的航空公司工作人员发生冲突，双方均有人受伤。

该航班的一名乘客称，航班的目的地是兰州，起飞时间应该是早晨 7 点 40 分，但直到 10 点还没看到飞机，于是部分乘客堵在 32 号登机口找服务人员讨说法。几名乘客冲进廊桥，与该登机口的航空公司工作人员发生冲突，双方发生打斗。

地面服务部一名工作人员称，飞机延误的主要原因是该航班飞机发生机械故障，在飞机调配方面需要时间。工作人员起初建议滞留在登机口的乘客回机场的宾馆等待，但乘客不愿意，执意堵在登机口处，随后和服务人员发生冲突。

在服务过程中，乘客与服务人员发生冲突是我们不愿意看到的，但冲突在航班延误以后还是会经常发生，这就需要我们来研究与探讨引起冲突背后的原因，这对我们处置这类问题是非常有益的。

资料来源：张春健. 国航航班延误引发冲突，东航员工与乘客互殴[R/OL]. http://news.sina.com.cn/c/2005-01-15/01464836876s.shtml.（2005-01-15）[2021-03-27].

问题与思考

(1) 引发这次冲突的原因是什么?

(2) 当发生航班延误时,航空公司的应急处理措施应该是怎么样的?

一、冲突的概念

冲突是一种对立的状态,表现为两个或两个以上的相互关联主体之间的紧张、不和谐、敌视,甚至争斗关系。冲突发生的原因是多种多样的,可能是各方的需要、利益不同,或者对问题的认识、看法不同,或者是价值观、宗教信仰不同,或者是行为方式、做事的风格不同等。总之,当相互关联的两个个体或者多个个体之间的态度、动机、价值观、期望与实际行动不兼容时,并且这些个体同时也意识到他们之间的矛盾时,个体间的冲突就发生了。

人际冲突有不同的层次和类型。第一个层次是特定行为上的冲突,即双方对于某个具体问题存在不同意见。第二个层次是关系原则或角色上的冲突,即双方对于如何处理两个人的关系,在关系中各自的权利、义务有不同的理解。在人际关系中,有些角色规范比较明确,也有一些角色规范比较模糊,如果两个人对于规则看法不同,就难免发生冲突。第三个层次是个人性格与态度上的冲突。这往往牵扯到双方人格与价值观的差异,因此是比较深层次的冲突。在人际交往中,这三个层次的冲突有可能交织在一起。行为上的分歧,可能引起关系规则上的矛盾,并进一步导致个性上的冲突。一般来说,冲突层次越深,涉及因素就越多;情感卷入程度越高,矛盾就越复杂,解决起来也就越难。

二、冲突的类型

冲突的类型可以按照处理冲突的态度划分为五种。

1. 逃避(输—输)

逃避发生在人们不知所措地忽视或与冲突保持距离时。逃避可能是生理的(在发生争执之后故意绕开)或是言语的(改变话题、开玩笑或否认问题的存在),逃避反映出对冲突悲观的态度,逃避者认为没有方法可以解决这个问题。有些逃避者认为把事情暂时搁置会比直接面对并解决更容易些。也有些逃避者认为放弃比较好,免得一直要面对无解的困境。两种状况都会导致“输—输”(双输)的结果,没有人会从中获得满足感。

虽然逃避可以暂时保持和平,但是容易导致不满意的关系。在长期的误解、怨恨和失望情绪的氛围下,逃避者既不关心自己的需要,也对别人的需要不感兴趣,可能会因为各种问题而产生困扰。

当然,逃避也不是一无是处,假如说出问题和矛盾的风险太大,可能会引发一场尴尬的公开争执,或让人遭受生理的伤害,再或者当事人认为这段关系不值得付出努力等情况,那么逃避某些特定的议题或情景也是合理的。

2. 调适(输—赢)

调适多发生在自己允许别人用其他方法多过坚持用自己的方法时,调适者关切自己比较少,对别人关切比较多,导致“输—赢”的结果。

调适者在这种沟通方式中扮演着重要的角色。假如调试者是仁慈、慷慨或真诚的,就很

可能有机会改善双方关系。一些人会感激有人"牺牲小我，完成大我""以别人想要的方法对待他们"，而大多数不喜欢习惯地扮演"烈士、怀恨的抱怨者、哀鸣者、破坏者"这些角色的人。

文化也在认知冲突方式中扮演着重要角色。在高语境敏感文化、集体主义背景下，如在许多亚洲国家，人们比较倾向于认为逃避和调适是一种保留面子的、高尚的处理冲突方法；而在低语境敏感文化、个人主义背景下，如在美国，人们更多地认为逃避和调适是负面反应，这在许多美国人直言不讳地用"不堪一击、好好先生、逆来顺受"来形容在冲突中逃避或放弃的人中可见一斑。

3. 竞争（赢—输）

调适的反面是竞争。竞争者对冲突的"赢—输"取向表明他们只在乎自己而忽略别人。竞争者以"我的方法"来寻求解决冲突之道。采取这种竞争方法来解决冲突的人通常是因为感觉到"不是……就是……"的情况：不是我得到自己想要的，就是对方得到他想要的。

4. 妥协（部分输—输）

妥协是至少让双方都获得少数想要的东西，虽然双方都牺牲了一部分目标。当事情看起来只能达到部分满足，而且似乎最好也不过是双方部分满足时，人们通常会选择妥协。妥协其实是协调出一个解决方法，满足了某些双方想要的，但是也失去一些双方重视的东西。在民航服务中，如果冲突源于原则性的问题，服务人员是不能采取妥协的方法去解决的，如安全问题就是原则性问题，民航服务人员绝对不能妥协。面对乘客携带易燃易爆物品上飞机、乘客企图在航班上吸烟等情况，事关生命安全，即使乘客大吵大闹、哭诉哀求或以投诉威胁，民航服务人员都绝不能以妥协作为解决方法。

5. 合作（赢—赢）

合作是为冲突寻找双赢的解决之道。合作表示双方同时高度关心自己和别人，而不是用"我的方法"或"你的方法"来解决问题，合作双方重视的是"我们的方法"。最佳合作状况会带来双赢的结果，双方都从中得到自己想要的。合作的目标是找到与冲突相关人士都满意的解决之道。这不仅避免了最坏的结果，而且使双方相信经由共同努力，是有可能找出解决方法的，超越妥协而使得每一个人都达到自己的目标。

第二节　冲突产生的原因及对策

手提行李引发的冲突

某航空公司的一架定期航班正准备关闭客舱门起飞，这时一名来晚了的乘客匆忙登上了飞机。当他正努力地把行李包塞进座位上方的行李架时，一个隔了几排座位的乘务员对他说，她这边头顶上方行李架有空位可以放他的行李。但是乘客并没有理会那位乘务员，而是继续试图把自己的行李塞进那个满满的行李架上。乘务员开始大喊，整个机舱内都充满了她的声音，她反复要求那位乘客把他的行李放在她所说的地方。

问题看起来很简单，只要那位乘客把座位上方行李架内的其他行李重新整理一下，他的行李就可以放进去了。而那位乘客就是拼命地按自己的意图把行李往行李架里塞。当他第二次没有理会乘务员的建议时，乘务员显然被激怒了。

乘务员向那位乘客走去，从他手中抢过行李，大声说："我要把你的行李放到后面的那个地方！"乘客并没有阻止她，只是平静地说："那是我的行李，我还是想把它放在我自己座位上方的行李架里。"但这次乘务员没有理睬他。之后，乘务员把那位乘客的行李放到了他的座位几排后的行李架里，然后回到那位乘客身边并面对着他，这次她愤怒地大声说："不要用那种态度对我！"乘务员的声音充满整架飞机。无法听到那位乘客是怎样回答的，但是随后乘务员又用手指向那位乘客，开始教育他应该如何为自己的安全负责。显然，那位乘客非常尴尬，也没有对乘务员的长篇大论做出任何反应。在彻底地羞辱了那位乘客一番之后，乘务员才最终走开。

资料来源：克卢瓦·威廉斯，等. 机组安全防范实用指南[M]. 刘玲莉，王永刚，等译. 北京：中国民航出版社，2007.

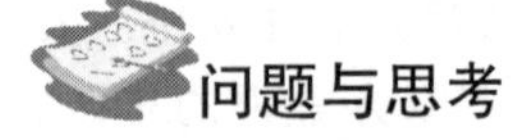

问题与思考

（1）在本案例中，乘务员在不必要的情况下使冲突升级，请你指出她工作中的几处失误。

（2）作为客舱服务人员，应如何应对此类冲突问题？

一、冲突产生的原因

（一）工作人员服务不到位

在一架航班上，一位乘务员不小心将饮料洒到乘客的衣服上，尽管乘务员非常诚恳地道了歉，并主动要求帮助乘客清理干净，但乘客仍然非常生气："我刚花了 2 万元买的外套，就被你弄成这样了！"乘务员鞠躬道歉："实在对不起，我帮您清洗吹干，您若实在不满意，我赔偿给您。"听到这儿，乘客心软了，说："算了吧，你帮我洗干净吧。"至此，冲突总算化解了。乘务员在服务过程中，要尽量避免不必要的失误，时刻关注细节。

（二）航班不正常

航班延误时，乘客的情绪不稳定，容易提出"非分"的要求，甚至做出一些出格的事情。从冲突的形式分析中，我们可以看到冲突的背后是其心理需求推动的结果。即乘客在心理需求的推动下采取了行为，但若对方依然未能达到或未能满足其需求，乘客会再采取更有力的行为来满足其心理需求。所以，乘客的冲突心理到过激行为有一个"繁殖"的过程，我们把它分成以下几个阶段。

（1）认识上的差异。航班延误的原因多种多样，机场与航空公司的服务人员认为，有些延误是由天气或航空管制等客观原因造成的；而乘客认为，不管什么原因，事实上是航班延误，给自己造成了损失。这两种认识上的差异导致双方很难进行沟通，于是双方各说各的理，无法达到认识上的统一，双方争执不下。俗话说，祸从口出。双方越争辩越激烈，越解释越糟糕，从而双方在心理上进入第二阶段。

（2）情结上的对立。由于双方都坚持自己的观点，在认识上难以统一，于是情结开始分道扬镳，双方越说越激动，最后到情结对立。一旦情结上出现对立，双方很容易失去理智，感

情用事，甚至会造成行为上的冲动。乘客认知和情感背后深层次问题是“利益”，它是动力，推动了乘客的情结与行为。当航班延误后，乘客认为自己的利益受到侵害，航空公司或机场应该给予补偿。但航空公司与机场对于补偿是有明文规定的，最终，乘客的利益没有得到预期的补偿，再加上情结上的对立，冲突成为不可避免的事件。

（3）行为上的爆发。由于前面两个方面的“繁殖”与酝酿，乘客最后通过行为来发泄心里的不满。

案例 7-1

周先生乘坐北京飞往广州的航班，航班延误了整整两小时。落地后，周先生反映机上乘务人员服务不到位，一会说交通管制，一会说天气原因，并且延误了两个小时，只给乘客吃一小包饼干，作为男士一包饼士是绝对吃不饱的。周先生认为此次航程又是延误，又是挨饿，表示非常不满意。

资料来源：客舱博视．一次航班延误的经历[R/OL]．https://mp.weixin.com/s/qMLTM7PcZSnR4L-Cth6rzQ.[2021-03-28].

案例启示：航班延误时，带班人员应安排好延误期间相应服务工作，叮嘱组员保持口径一致，细心观察乘客寻找服务的突破点，主动与乘客建立沟通，化解乘客的不满情况。在得知航班需要长时间延误的情况下，带班人员应该做到管制全局，具有决策能力，视情况增配餐食及机供品，带领乘务组做好后续工作，做到时间延误服务不延误。

（三）工作人员与乘客沟通失败

客舱是封闭的，尽管来来往往的乘客有相同的目的地，但每位乘客都有属于自己的精神世界。在与某位乘客沟通的过程中，由于语言、文化背景、地域以及认知等方面的不同，沟通上难免出现障碍，进而发生误会。

在一次机上送餐中，乘务员向乘客介绍：“我们有排骨和鱼，您吃什么？”乘客答：“排骨。”乘务员将红烧排骨给了乘客，乘客生气地说：“我从来不吃红烧的，我要排骨汤！”乘务员没有意识到乘客的地域和文化背景，想当然地认为顾客要的排骨就是红烧排骨，如果事先能对乘客说明排骨的具体做法，就会避免误会。

二、处置冲突的对策

（一）提高应变能力，预防冲突发生

应变能力，是指在有压力的情境下思考、解决问题，并能迅速而灵活地处理问题的能力。在服务过程中，乘客们会提出各种要求，乘务人员除了具备充足的专业知识和技能外，还需要培养自己“眼观六路、耳听八方”的服务习惯，充分培养自己视觉上、听觉上的感官能力，运用“望、闻、问、切”，提升服务意识。乘务员只有在及时发现问题的情况下，才有可能迅速解决问题。

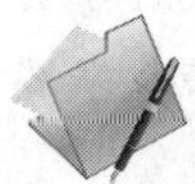

案例 7-2

航空公司的一架包机出现机械故障，航班延误 7 小时。一个旅行团中的乘客因延误等

待不满，砸坏办公用品，围攻和撕破工作人员的衣服，还向航空公司进行投诉并且要求赔偿损失。待飞机恢复飞行时，该团乘客拒绝登机。

公司投诉处理部门马上到现场调查。首先，与乘客代表王先生沟通认定，乘客的激动行为是由航班延误引起的。其次，服务人员耐心地告知乘客，延误是由于飞机机械原因造成的，为了保障乘客的安全，航空公司正在调配飞机。同时，服务人员面对过激乘客耐心说理，进行心理交流，说明航空公司的服务理念与责任宗旨"安全第一"。最后，告知王先生他的行为是违法的。通过服务人员的疏导与沟通，王先生认识到自己行为的错误和后果，主动发来书面认错检查，并且通过旅行社向当地电视台和航空公司致歉并感谢航空公司的帮助。

资料来源：空港航站楼. 服务理论在处理乘客投诉中的运用[R/OL]. https://m. sohu. com/a/212192651_99943817.[2021-03-28].

案例启示：对于这起乘客冲突事件，航空公司处置得非常好，不仅维护了航空公司的利益，也对违法者实施了一定的惩罚。

（二）尽量避免争论，耐心倾听

在乘客情绪激动时，服务人员应尽量保持平静，不打断乘客的倾诉，专心于乘客关心的问题。面对口头的人身攻击不采取对抗的姿态，放下手头的工作，排除其他干扰，耐心地听完乘客陈述以后，再做出回答。同时，应表现出对乘客情感上的理解，让乘客知道自己乐于提供帮助，知道在什么情况下应采取什么样的措施。语调自信而殷勤，不使用可能"火上浇油"的措辞，避免指责自己的同事或公司。这样的做法往往会让乘客的情绪平静下来，能够配合服务人员进行下一步的工作，也减少了对其他乘客的影响。

（三）向乘客表示歉意，积极解决问题

不管冲突发生的原因是什么，服务人员都要在第一时间向乘客表示歉意，这种歉意不仅仅体现在语言方面，更表现在积极行动方面。为乘客解决问题，是化解冲突最有效的办法。如果在自己的能力范围内无法解决，服务人员一定要向乘客做好解释工作，并及时告知乘客进展情况，确保信息渠道畅通。

案例 7-3

航班延误过久，7 名乘客拒绝登机，机长鞠躬流泪苦劝

由于天气和流量控制原因，某长春—无锡—昆明航班延误，有 7 名乘客因航班延误时间过长在无锡拒绝登机。当班机长下机与这几名乘客交流，经过鞠躬、流泪、苦劝才说服这 7 个人登机，化解了此次拒绝登机事件。

当日执行飞行任务的是红土航空 A67136 长春—无锡—昆明的航班，受天气和流量控制原因影响，此次航班从晚上 8 时 45 分延误到第二天中午才起飞。然而，当航班通知可以正常起飞时，却有 7 名乘客因航班延误时间过长在无锡拒绝登机。据介绍，当时距离起飞时间仅有 30 分钟，苏南硕放机场已通知机组做好减客准备，但机长叶蓓考虑到减客翻找行李会再次导致航班无法按时起飞，且拒绝登机乘客也会有更大损失，故决定前往候机楼与乘客沟通。

"自己也是为人子、为人父，非常理解他们的心情。"进入候机楼之后，叶蓓发现拒绝登机

的乘客中有两名儿童和一位老人。在进行自我介绍后，他代表机组向乘客诚恳地鞠躬致歉，并认真聆听乘客的不满与诉求。经过诚挚地交流，乘客拒绝登机的态度得以缓和。叶蓓还告诉乘客，自己的责任和义务是将所有乘客安全送达目的地，因天气和流量控制原因导致的航班延误，是航空公司和机组都不想看到的，飞机上还有100多名乘客在等待飞机起飞。最后，叶蓓含泪激动地说："我不忍心将你们丢在无锡，衷心希望你们可以与我们同行。"最终，7名乘客被其真诚的态度和耐心的劝说感动并决定登机。

资料来源：熊强.航班延误过久，7名乘客拒绝登机，机长鞠躬流泪苦劝[R/OL]. http://news.sina.com.cn/s/wh/2017-08-11/doc-ifyixcaw4210424.shtml.(2017-08-11)[2021-03-29].

案例启示：民航服务人员在冲突管理中要起到积极协调的作用。发生冲突之后，民航服务人员应以大局为重，心平气和、耐心有礼地向乘客详细地解释和说明事实，争取获得乘客的理解。

（四）心理疏导十分重要

许多成功的经验给我们启发，想要化解冲突，了解与掌握乘客的心理、对其进行疏导是非常重要的。这个疏导的核心是"利益"，我们应该明确乘客行为背后的"利益"驱动。如果是航空公司的原因，应该按照规定适当给予补偿，从心理上予以安抚。对于要价高的乘客可以说明补偿原则和尺度，引导乘客对航空公司有关规定进行了解，并赢得乘客的谅解。

（五）使冲突双方脱离接触

当双方发生冲突时，使冲突双方脱离接触是比较有效的方法之一。其他人员可以把冲突的双方劝开，分别对他们加以安慰，并使他们中的任何一方离开冲突现场。对民航乘客要好言相劝，说明情况，切不可指责乘客的过错，因为这样做只会使乘客更加激动，不利于缓和冲突的情绪。有时冲突十分激烈，乘客一下子劝不走，这时可以先把与乘客发生冲突的服务人员劝下来，使服务人员离开冲突现场，让乘客找不到"战争的对象"，以缓和冲突。

（六）第三者进行调解

其实在冲突刚开始时，双方分歧往往并不大，只要双方中的一方稍加让步，即可得到和平解决或协商妥协。然而，问题并不是这样简单，因为冲突的双方都担心对方会利用自己的让步得寸进尺，或者把他的让步当作软弱、怯懦的表现，所以谁也不肯先让步。在争执过程中，双方都尽可能说对自己有利的话，达到自己的目的，并含沙射影地贬低对方等。在这种情况下，双方已不可能进行协商，只有第三者的调解，才能把双方的争执引出死胡同，才能帮助他们达成妥协或解除误会。但作为第三者，必须要注意讲话的方式，要不偏不倚、公正，得到冲突双方的信任。第三者调解方不能随意袒护服务人员，即使服务人员有理，也要耐心、冷静、善意对待民航乘客。调解时，切不可寻找理由来证明乘客的错误和过失。须知，在冲突当时，一个人容易失掉客观性、正义感和自我批判精神，这种方法往往会引起更高层次的冲突，效果适得其反。

（七）让步

让步是最佳方法。在双方实际利益发生矛盾的情况下，要想避免公开的冲突，只有妥协。当乘客盯着自身利益时，从心理上他会把自己的任何让步看作是自己的失败，所以从利益上他是不太可能退却的。此时，服务人员要从本职工作的性质及职业道德出发，以良好的情感与热情去对待乘客，设身处地为乘客想一想，考虑一下乘客的利益。但从真正的让步来讲，光有让步和妥协还不够，有时还得放弃自己的部分合理的要求。比如，乘客谩骂服务人员，服务人员就要做到“骂不还口”，只有这样才能做到真正的让步。如果服务人员做出让步，那么紧张的局面就会缓和下来，而且这种主动让步的态度在很多情况下能得到乘客的谅解，并能体现出服务人员良好的素质与良好的意志品质。

再如，不久前，某公司航班上出现乘务员和乘客对打的事件。事情经过大致是这样的：乘务员在回收餐盘时，乘客将部分精致的小餐盒装进了包里不愿交给乘务员。按照规定，这类餐盒是要回收的。一是对餐盒的再利用有利于环境保护；二是可以减少公司成本。回收餐盒是合情合理的，对于一个现代文明人来说，理解这样的事是很容易的。可是，该乘客不愿将餐盒交给乘务员。由于他是某旅游团中的一员，团里的其他游客更是鼓动他不要配合乘务员工作，于是他不仅不拿出餐盒，还出口伤人。当事乘务员是一个刚参加工作一年的新手，经不住乘客的情绪影响，用语言还击了乘客，最后乘客先动了手，乘务员进行了肢体还击。

事情发生后，客舱内秩序混乱，影响了客舱安全，对航空公司形象造成较坏的影响。事件起因是乘客不对，可是事件最后也没有人认为乘务员的处理方式是对的。这是为什么？这名乘客在整个事件中缺乏道德意识，对不属于自己的物品要强拿强占，对其他游客的鼓动没有是非观念，行为表现中缺乏修养，在公共场合缺乏自律和配合意识，可以说该乘客的素质相对较低。那么为什么乘务员也错了，错在哪里？他错在不该用同样低的素质还击乘客。

（八）加强不正常航班的客舱服务

在航班不正常的情况下，客舱服务是非常困难的。乘客情绪不稳定，易于产生了新的需求，且容易把不满发泄在乘务员身上。乘务人员要充分了解乘客心理特点，采取相应的解决对策，比如，及时满足乘客的餐饮需要、不断地安抚乘客、耐心倾听乘客的抱怨、帮助解决后续航班的安排等。

案例 7-4

2008 年 4 月 7 日 18 时 35 分，300 多名乘客准备搭乘某航空公司的航班回深圳，没想到飞机滑进跑道后，机长突然表示忘带安全箱，飞机退回停机坪。等待一个多小时后，飞机再次滑向跑道，就在准备起飞时，机长又称飞机刹车有问题，飞机又滑回停机坪。乘客在飞机上苦苦等待 4 个半小时，没人理会。一直到 4 月 8 日凌晨 1 时许，广播通知可以起飞，但刚进入跑道，机长又说故障没有修好。凌晨 4 时许，300 多名乘客在工作人员的安排下住进招待所。凌晨 5 时许，300 多名乘客接到通知赶到机场，结果又被告知飞机没有修好，还要继续等待。很多乘客只好选择改签其他航空公司的航班，其中 100 多名乘客改签 S 航空公司航班。大家登机后，把一肚子怨气发到 S 航乘务员身上，但空姐们的脸上始终保持着真诚的微笑，并在广播中一遍又一遍地道歉。最终，S 航乘务组以其良好的职业修养和优质的服务感动了乘客。

资料来源：张国防．航空公司相互支援，深航优质服务让乘客感动[R/OL]．http://news.carnoc.com/list/101/101831.html.[2021-03-29].

案例启示：在该案例中，由于乘客在前一航班受了气，将怨气撒向无辜的人。如果没有

良好的职业道德和服务意识，乘务人员怎么能做到始终保持微笑，时时让乘客如沐春风呢？对于乘客的怨气，S航乘务员非常明白：乘客之所以有怨言，是因为在别的航空公司受了委屈。正是了解乘客的心理，S航班乘务人员才能做出正确的行为选择，赢得乘客的理解。

（九）提高乘客对航空服务的认识

良好的客舱秩序和高效的服务只靠乘务人员单方面的努力是无法完成的，乘客的配合也至关重要。由于个人修养及认知上的误区，个别乘客，特别是有些财大气粗的乘客，认为自己花了很多机票钱，乘务员就该无条件地满足自己的要求，稍有不满就挑衅闹事，投诉乘务员。航空公司有责任向公众普及飞行知识，帮助乘客对航空服务形成积极、客观的认识，社会媒体也有责任全面地报道各类航空事件，包括向公众普及航空法规及安全知识，不应片面报道乘客与航空公司的负面冲突，使公众产生负面的“心理暗示”。

案例 7-5

腾冲机场两名男子飞机上硬要换座位，被拘 7 日

3 月 20 日，保山市公安局腾冲驼峰机场分局依法对在飞机上扰乱乘机秩序、影响飞机正常起飞的两名男子邓某和徐某，均处以行政拘留 7 日和行政罚款 200 元的处罚。

3 月 20 日 19 时，腾冲驼峰机场分局接 MU5954 航班机组报警称：有两名乘客在飞机上扰乱秩序，致使飞机不能按时起飞，请求处理。

接到报警后，该分局立即组织民警进行调查。经查，MU5954 航班预计当日 19 时 20 分从腾冲飞往昆明。在飞机从机坪滑往跑道准备起飞时，乘坐该航班的乘客邓某、徐某调换座位。空乘人员发现后向两人解释，随意调换座位会影响飞机配载平衡。飞机的配载平衡是指一架飞机的重心位置，它对于飞机的稳定性、可控性以及飞行安全是极其重要的。影响飞机配载平衡的因素主要有乘客的座位安排方式和货物的装载位置及滚动情况、机上人员的走动、燃料的消耗、不稳定气流、起落架或副翼的伸展与收缩等。

每一架航班在起飞前，地面配载平衡部门都会根据乘客的人数和所装货物的重量，以及乘客在值机时所选择的航班座位，计算出飞机的平衡参数，而飞行人员则根据相关平衡参数来飞行。

从飞行安全的角度来说，任何一个座位的调换都会使飞机的重心发生一定的变化，尤其是在起降阶段调换座位，会对飞行安全造成一定影响。

在特殊情况下，乘客是可以提出换座位要求的，但要征得机组人员同意。特别是对孕妇、带小孩的乘客、身体不舒服的乘客以及老年人等有特殊需求的乘客，机组人员都会给予特殊关照。

所以，为了不影响飞机的安全飞行，也免去上飞机后再申请调换座位，乘客最好在购票后及时值机，以便家人能够坐在一起。

资料来源：崔敏. 两人飞机上硬要换座致航班不能按时起飞，被拘 7 天[R/OL]. http://society.yunnan.cn/html/2018-03/23/content_5135120.htm.（2018-03-23）[2021-04-03].

案例启示：乘坐飞机应注意个人的礼仪素养，身为乘客应做到以下几点：不出难题，尊重乘务人员；上机携带不违规物品；登机时认真配合例行的安全检查；遵守有关安全乘机的各项规定等。

(十)用法律与制度保障正常的服务秩序

航空公司可以利用乘客黑名单制度保障自己的权利。行为恶劣的乘客一旦上了黑名单,就不能再享受该航空公司的服务。航空公司之间也可以共享乘客黑名单,这样,如果一位乘客上了某家航空公司的黑名单,他就有可能无法乘坐飞机出行,这对乘客的无理、滋事行为起到一定的威慑作用。

对于涉嫌违反航空法或者威胁航空安全的冲突行为,机组人员应果断采取措施,首先确保飞行安全,同时请求地面司法机构协助处置。

案例 7-6

民航部门提醒:不要因一时冲动耽误自身出行

针对近期机场内连续出现的几起因琐事造成不快而导致的乘客航程取消事件,西安咸阳国际机场有关人员提醒广大乘客,勿因身边小事耽误自身行程。

11 月 5 日 20 时 05 分,执行西安至乌鲁木齐航班任务的中国南方航空股份有限公司 CZ6960 次航班即将起飞,全部乘客已登机完毕。西安咸阳国际机场地面警方接到机组人员报警,称飞机上有人打架,场面混乱。机场值班民警遂迅速赶到事发现场,将打架两人带回派出所。

经查,这是一起因琐事引发的打架事件。乘客罗某在通过机舱时无意碰到了正在打牌的孙某,与孙某及其两个打牌的朋友发生口头争执。后由于言语不合,孙某和罗某相互动起手来,造成机舱内多人围观,现场混乱,影响了飞行安全。

孙、罗两人随后被警方带下飞机。在机场派出所,孙某对自己的一时冲动而引发严重后果深感懊悔,民警对其进行了口头教育。随后孙某向罗某做出了 1000 元的现金赔偿。两人当日的航班行程被全部取消。

此前,机场也出现过类似因琐事发生的不快事件。针对近期内机场连续出现的几起类似事件,西安咸阳国际机场有关人员提醒广大乘客,不要因为一些小事影响自身行程。

资料来源:刘彤. 民航部门提醒:不要因一时冲动耽误自身出行[R/OL]. http://www.aero.cn/2009/1108/1011.html. (2009-11-08)[2021-04-05].

案例启示:广大乘客,乘机时一定要遵守民用航空安全管理的法律、法规和规章,否则造成的损失都要由自己承担。

(十一)做好后续工作,积极思考冲突产生的原因

当问题解决之后,服务人员应控制住自己的情绪,不对其他同事反复讲述发生的不愉快事件,清醒地分析自己哪些地方做得还不够,哪些地方还应该加以改进。思考冲突产生的原因,并就这些原因提出一些好的建议和意见,为企业更好地向乘客服务提供参考,使服务工作进一步完善。例如,对于航班延误,可以建议航空公司或机场及时为乘客提供航班延误的信息,包括延误的原因、等待的时间、解决的办法等,避免因信息不畅而造成冲突。再如,对于行李问题,航空公司可在乘客购票时就向乘客详细说明行李托运的相关规定,避免乘客因不了解情况而在行李托运时出现矛盾。

综合练习

案例分析

1. 在某次航班中，一位乘客在上飞机上吃瓜子，并将瓜子随手扔在地上，吃得满地都是。这时一位乘务学员经过，看到满地的瓜子壳，随口对那位乘客说："女士，您在家也是这么吃瓜子的吗？"那位乘客的脸马上就拉下来了，"怎么了？"新乘务员接着说："您吃得这满地都是，合适吗？"此时气氛很紧张，乘客觉得特别没面子，下不了台，乘务员也咄咄逼人。这时，另外一名资历较深的乘务员刚好经过看到，马上对那名学员说："去帮我找一个清洁袋吧！"随后和那位乘客说："不好意思！您这个位子的垃圾袋可能被清洁的工作人员漏放了，我们马上去给您拿几个。您这瓜子是什么牌子的？平时在家我也爱吃瓜子，会容易口渴，我去给您倒杯水吧！"随后便拿来了清洁袋和一杯水递给乘客，并开始清理地上的瓜子壳。乘客有些不好意思地说："我自己来吧！"之后她再也没有把壳扔在地上，情绪也缓和了，下机时还主动道谢。

资料来源：王晓丽. 客舱乘务员服务手册（案例篇）[R/OL]. https://mp.weixin.qq.com/s/MekMu9F8kRTA-dMmZenN9A.[2021-04-06].

问题与思考

乘务学员的做法有什么不足之处？资历较深的乘务员是如何利用沟通技巧巧妙化解这场冲突的？

2. 某架航班落地前，客舱中部有乘客大声呼喊："后面有人打手机！"区域乘务长立即检查了后排乘客的手机状态并确认关机，然后向38C乘客道了歉。乘务长正准备离开，乘客突然大发雷霆，要求投诉。乘务长得知此事后，了解到39C的乘客是第一次坐飞机，对相关规定不太了解。于是乘务长耐心地跟39C乘客讲解了在空中使用电子设备的危害，使乘客认识到了自己行为是错误的。随后，乘务长来到38C座乘客面前微笑着说："首先我代表我的组员以及飞机上的乘客向您表示感谢，谢谢您对我们飞行安全的高度责任感，是您及时发现有乘客使用手机并告诉我们，才让我们有机会来处理此事。"乘客听完乘务长的致谢后态度有所缓和。乘务长又接着说："因为已经到了快落地的时间，乘务员都回到了座位，所以没有及时的发现。"在听完乘务长的解释后，乘客表示了理解。

资料来源：王晓丽. 客舱乘务员服务手册（案例篇）[R/OL]. https://mp.weixin.qq.com/s/MekMu9F8kRTA-dMmZenN9A.[2021-04-06].

问题与思考

案例中的乘客为什么突然大发雷霆要求投诉？乘客使用手机是一种常见的违规现象，乘务员应怎样进行有效劝说？

拓展训练

一、思考讨论

针对航班延误的问题，试从机场地勤人员和客舱乘务员的角度，讨论应如何为乘客提供更好的服务。

二、情景模拟

1. 一位乘客从登机开始就面色不悦。在飞机平飞阶段，你在客舱巡视时，他叫住你，气愤地说要投诉，他原本购买了今日更早一架航班的机票，但办票时工作人员却告诉他客满了，安排他坐这一班，他非常不能理解。作为乘务员，你会如何回应？

____

____

____

2. 一位女性乘客按呼唤铃，小声告诉你，前排有位男乘客脱了鞋子，气味很臭，希望你管一管。作为乘务员，你会如何回应这位女性乘客？当你找到那位男性乘客，你会怎么说、怎么做呢？

____

____

____

3. 某航班飞机空调发生故障，因维修时间不确定，故让乘客留在机上等待。时值暑期，很多乘客带着孩子出行，客舱里比较闷热，部分儿童乘客体感不适。作为乘务员，你会怎么说、怎么做呢？

____

____

____

4. 一位乘客跟你反映，自己的金项链在客舱里遗失了。作为乘务员，你会怎么说、怎么做呢？

____

____

____

课外阅读

扁鹊见蔡桓公

扁鹊见蔡桓公，立有间，扁鹊曰："君有疾在腠理，不治将恐深。"桓侯曰："寡人无疾。"扁鹊出，桓侯曰："医之好治不病以为功！"居十日，扁鹊复见，曰："君之病在肌肤，不治将益深。"桓侯不应。扁鹊出，桓侯又不悦。居十日，扁鹊复见，曰："君之病在肠胃，不治将益深。"桓侯又不应。扁鹊出，桓侯又不悦。居十日，扁鹊望桓侯而还走。桓侯故使人问之，扁鹊曰：

“疾在腠理，汤熨之所及也；在肌肤，针石之所及也；在肠胃，火齐之所及也；在骨髓，司命之所属，无奈何也。今在骨髓，臣是以无请也。”居五日，桓侯体痛，使人索扁鹊，已逃秦矣。桓侯遂死。

故良医之治病也，攻之于腠理。此皆争之于小者也。夫事之祸福亦有腠理之地，故曰：“圣人蚤从事焉。”

资料来源：杨玲.韩非子寓言故事赏析[M].北京：语文出版社，2018.

文章提示：扁鹊看出蔡桓公有病，并劝其治病，蔡桓公却不信扁鹊，导致错过了治疗期而病死。蔡桓公讳疾忌医，不听劝告，固然是事实。但是，换个角度，扁鹊与蔡桓公的四次劝说沟通均以失败告终，同样值得我们思考。

阅读与思考：请结合本章内容，分析扁鹊在沟通技巧上的不足之处。

参考文献

[1] 马克·郭士顿.只需倾听[M].苏西,译.重庆:重庆出版社,2012.

[2] 西尔伯曼,汉斯伯格.人际智慧:高效沟通的8项修炼:人际智慧[M].杜华,译.北京:团结出版社,2013.

[3] 米尔顿.赖特.倾听和让人倾听[M].周智文,译.北京:新世界出版社,2006.

[4] 谭永康.服务语言的控制表达[J].重庆工商大学学报(社会科学版),2005(5).

[5] 屈哨兵.语言服务的概念系统[J].语言文字应用,2012(1).

[6] 陈淑君,栾笑天.民航服务、沟通与危机管理[M].重庆:重庆大学出版社,2017.

[7] 杨丽明,廉洁.民航服务心理学[M].上海:上海交通大学出版社,2013.

[8] 焦巧,梁冬林.民航服务沟通技巧[M].重庆:重庆大学出版社,2019.

[9] 赖怀南.民航运输服务概论[M].北京:中国民航出版社,2009.

[10] 陈耀南.中国人的沟通艺术[M].北京:中国人民大学出版社,2008.

[11] 黄代军,杨宇.民航服务与沟通[M].成都:四川大学出版社,2015.

[12] 殷敏,岳梦颖.服务语言艺术[M].北京:航空工业出版社,2018.

[13] 马晓虹.民航服务礼仪实务[M].北京:国防工业出版社,2016.

[14] 辜英智,邓红军.民航空乘服务艺术[M].成都:四川大学出版社,2014.